GELIEBTE
WILDKRÄUTERKÜCHE

BRIGITTE KLEMME
RIA LOTTERMOSER

GELIEBTE WILDKRÄUTERKÜCHE

Ausgewählte Köche präsentieren ihre besten Rezepte

FOTOS VON ANDREAS THUMM

INHALT

6 VOM UNKRAUT ZUR DELIKATESSE

8 AUS DER NATUR AUF DEN TISCH

GEZAUBERT VON:

Josef Fehrenbach

Martin Grießer

Yoann Hue

Raimar Pilz

Achim Schwekendiek

Manuela Treppens

VOM UNKRAUT
ZUR DELIKATESSE

Wildkräuter sind heute auch aus der Spitzenküche nicht mehr wegzudenken. Ihr rasanter Aufstieg vom scheinbar unscheinbaren Grünzeug, das am Wegesrand, auf Wiesen und Auen, im Garten zwischen Blumen- und Gemüsebeeten und unter Hecken wächst und an dem man bis noch vor einigen Jahren achtlos vorüberging, ist auf die unglaubliche Fülle an Aromen und Geschmacksstoffen zurückzuführen, die uns diese Pflanzen liefern. Kein anderes der Kräuter, die wir im Garten anpflanzen, ist imstande, uns diese Vielfalt an lukullischen Genüssen zu bescheren.

WILDKRÄUTER DIENEN DER GESUNDHEIT

Ob Suppen, Aufstriche, Saucen, Desserts, vegetarische Gerichte, Fisch- oder Fleischspeisen – mit den gesunden und dekorativen Zutaten aus dem Wildkräutergarten lernt der Feinschmecker völlig neue Geschmacksnuancen kennen. Dazu kommt, dass diese Pflanzen einen Reichtum an Inhaltsstoffen aufweisen, den kein normales Gemüse hat. Löwenzahn, Brennnessel und auch die Melde, der Spinat des Mittelalters, haben z. B. einen viel höheren Gehalt an Eisen als der übliche Spinat. Löwenzahn hat einen Vitamin-C-Gehalt, der um ein Vielfaches höher ist als der eines Lollo rosso oder eines Romanasalats. Auch die Brennnessel hat Eigenschaften, die schon Hippokrates zur Blutreinigung empfahl.

Besonders in den Blickpunkt der Aufmerksamkeit geraten sind heute die sekundären Pflanzenstoffe, insbesondere die Flavonoide, die ein breites Wirkungsspektrum auf unsere Gesundheit haben, sowie die Terpene, von denen für ein Kochbuch wie dieses insbesondere die ätherischen Öle hervorzuheben sind. Sie sind es, die für den Duft der Pflanze und damit für die verführerische Würze der Speisen verantwortlich sind. Aber auch die in Wildkräutern vorhandenen Bitterstoffe geben den Wildkräuterspeisen eine pikante Note.

Nicht umsonst wurden die meisten dieser Wildkräuter im Mittelalter als Heilpflanzen geschätzt. Die Klöster kultivierten die Kräuter, machten Tees und Salben daraus. Sie trockneten sie, als sie feststellten, dass einige von ihnen gerade in getrockneter Form noch viel aromatischer waren und intensiver schmeckten.

DER WEGESRAND ALS KRÄUTERGARTEN

Viele Wildkräuter sind sogenannte Kulturfolger, das heißt, sie folgen dem Menschen. Sie gedeihen dort am besten, wo Siedlungen von Menschen sind: in der Nähe der Dörfer, der Behausungen, an den Rändern der Wälder, Hecken und Wege. In Gärten und auf Feldern sind viele dieser Kräuter zu sogenannten Unkräutern geworden, d. h. sie wachsen als Konkurrenten zu den Kulturpflanzen. Gerade diese ungeliebten Kräuter sind eine wahre Fundgrube für köstliche Wildgemüse und können ohne Reue beim Unkrautjäten geerntet werden.

Wildgemüse werden am Wegesrand gesammelt, demnach nicht im eigenen Garten geerntet. Kräuter in der Natur pflücken heißt auch Kräuter erhalten und ihren Lebensraum schützen. Pflanzen haben mit Überlebensstrategien ihren Lebensraum erobert, und jeder Eingriff von außen kann ihre Konkurrenzfähigkeit schwächen und dazu beitragen, dass die Artenvielfalt abnimmt. Es ist deshalb eine Selbstverständlichkeit, dass jeder, der Wildgemüse, Wildfrüchte oder Blüten sammelt, von einer Pflanze nur ein paar Blätter oder einige Blüten und Früchte mit einer Schere abschneidet und die Wurzeln unbeschadet lässt, damit die Pflanze keinen Schaden erleidet und auch im nächsten Jahr am gleichen Standort wieder wachsen und blühen kann. Auf diese Weise wird die Natur mit ihrer Pflanzenfülle nicht zum Supermarkt zum Nulltarif.

Wildgemüse am Wegesrand ernten heißt auch, dass der Sammler die Pflanzenarten genau kennt, sie von ungenießbaren oder giftigen sowie geschützten Kräutern unterscheiden kann und ein Gefühl dafür hat, ob an diesem Standort das begehrte Wildgemüse selten zu werden droht. Eine gute Beobachtungsgabe ist wichtig, denn schließlich soll das delikate Sammelgut frei sein von Straßenstaub, von Pestiziden, die auf Feldern ausgebracht werden, oder Gülle, mit der Wiesen gedüngt werden. Ebenso ist es nicht zu empfehlen, direkt an oder im nahen Umkreis von stark besuchten Parkplätzen zu sammeln.

Die kostbaren Wildgemüse werden am besten in kleinen Eimern oder Gefrierbeuteln gesammelt, damit sie bis zur Verarbeitung frisch bleiben. Wildpflanzen lassen sich sehr gut im Kühlschrank mehrere Tage verpackt in Dosen oder abgedeckten Schüsseln aufbewahren. Vor der Zubereitung werden sie sortiert, danach gewaschen und anschließend sofort verarbeitet. Blüten bleiben frisch und schön, wenn sie in Gefrierdosen gesammelt werden. Vor der Verwendung wird die Dose für etwa 30 bis 60 Minuten offen stehen gelassen, damit kleine Tierchen sich entfernen können. Keinesfalls sollten Blüten gewaschen werden. Sie fallen im Kontakt mit Wasser sofort zusammen.

Auf den folgenden Seiten dieses Buches finden Sie eine Sammlung der schönsten Rezepte ausgewählter Wildkräuterköche aus Deutschland, Österreich und der Schweiz. Ihre Anregungen sind eine große Bereicherung für jeden neugierigen und inspirierten Koch. Mit Wildkräutern wird aus einer Alltagsküche eine aromenreiche und geschmacksintensive Küche, die unvergleichlich ist.

Wir wünschen viel Freude beim Sammeln der Wildkräuter und beim Nachkochen und Ausprobieren der Rezepte.

Brigitte Klemme und Ria Lottermoser

AUS DER NATUR AUF DEN TISCH GEZAUBERT VON:

JOSEF FEHRENBACH

Das Waldhotel Fehrenbach, ein seit 1858 existierender Familienbetrieb in Hinterzarten im Schwarzwald, hat einen guten Ruf. Und für diesen ist der Inhaber und Koch Josef Fehrenbach verantwortlich. Sein Steckenpferd sind in erster Linie die regionalen Produkte aus dem Schwarzwald und die traditionellen Rezepte, die heute von ihm mit erlesenen Bergkräutern verfeinert werden. Josef Fehrenbach gilt als der Kräuterpapst unter den Köchen im Schwarzwald. Mit seinen Gästen unternimmt er regelmäßig Wanderungen in die umliegenden Wiesen und Wälder, um ihnen sein umfassendes Wissen über Wildkräuter und Wildpflanzen nahezubringen.
Waldhotel Fehrenbach, Alpersbach 9, DE-79856 Hinterzarten
Tel. +49 7652 9194-0, www.waldhotel-fehrenbach.de

MARTIN GRIESSER

Martin Grießer ist der Koch im Gasthaus Adler in Hohenems in Vorarlberg. Wer nicht gezielt hierher geschickt wird, sagt der jung verheiratete sympathische Gastronom (der früher leidenschaftlich Triathlons absolviert hat – bis hin zum Ironman!), der fährt vorbei. Denn von außen erkennt der Vorbeifahrende nicht, was sich innen abspielt. Der Adler ist der Insidertipp schlechthin. Martin Grießers Küche ist legendär. Vor allem Fleisch und Innereien bereitet er auf hohem Niveau zu. Zwischenzeitlich hat er sich zudem der feinen Wildkräuterküche verschrieben. Das (Vorarlberger) Genießervolk dankt es ihm.
Gasthaus Adler, Kaiser-Franz-Josef-Str. 104, AT-6845 Hohenems
Tel. +43 5576 72292, www.adlerhohenems.com

YOANN HUE

Yoann Hue ist Küchenchef im legendären Restaurant Vieux Sinzig im Ahrtal, dessen Inhaber der wohl bekannteste Wildpflanzenkoch, Jean-Marie Dumaine, ist. Das Vieux Sinzig zählt zu den besten Restaurants in Rheinland-Pfalz (16 Punkte im Gault Millau). Dort werden Gerichte mit Kräutern auf höchstem Feinschmeckerniveau angeboten. Aromen aus der Natur werden zum wahrhaft kulinarischen Genuss. Yoann Hue, der aus dem französischen Aubrac stammt,

steht seinem Onkel Jean-Marie Dumaine seit drei Jahren zur Seite. Vorher war er zwei Jahre Küchenchef und Geschäftsführer des Restaurants des Drei-Sterne-Kochs Michel Bras in Toya auf der Insel Hokkaido (Japan).
Vieux Sinzig, Kölner Str. 6, DE-53489 Sinzig
Tel. +49 2642 42757, www.vieux-sinzig.com

RAIMAR PILZ

Das fassadenbemalte kleine Haus Fuchshöhle in der Altstadt von Bad Säckingen in Südbaden zieht Genießer aus nah und fern an. Hier kocht seit Dezember 2005 Raimar Pilz, den es von der Ostseeküste in den Hotzenwald gezogen hat, und begeistert mit einer kräuter- und aromeninspirierten Küche, die frisch, leicht und elegant ist. Raimar Pilz' Bühne ist vor allem die Natur, die für den guten Geschmack seiner Kreationen verantwortlich ist.
Restaurant Fuchshöhle, Rheinbrückstr. 7, DE-79713 Bad Säckingen
Tel. +49 7761 9333767, www.fuchshoehle.com

ACHIM SCHWEKENDIEK

Die Wirkungsstätte von Achim Schwekendiek ist das Schlosshotel Münchhausen im Örtchen Aerzen bei Hameln im Weserbergland. Fotograf wollte der heute leidenschaftliche Koch zunächst werden. Der Herd hat ihn dann doch so sehr angezogen, dass er heute einer der Besten des Landes ist. Achim Schwekendieks Kreationen gehören in den Bereich der Haute Cuisine. Er kocht jedoch auch regional und saisonal – und dies aus Überzeugung. Wildkräuter spielen dabei eine immer wichtigere Rolle.
Schlosshotel Münchhausen, Schwöbber 9, DE-31855 Aerzen
Tel. +49 5154 70600, www.schlosshotel-muenchhausen.com

MANUELA TREPPENS

Bevor die in Berlin geborene Manuela Treppens ihre Wirkungsstätte ins Tessin verlagerte, hat sie in einer spirituellen Wohngemeinschaft auf einer abgelegenen Alp in den Bergen des italienischen Piemonts gelernt, im Einklang mit der Natur zu leben. Heute sind ihre Kräuterwanderungen und -kurse in Loco im Valle Onsernone im Tessin ständig ausgebucht. Sie versteht ihre Veranstaltungen als Einladung an alle, die ihre Alltagsküche durch fantasievolle Wildkräutergerichte auffrischen möchten.
Monte Anima, Via ai Priei, CH-6661 Loco
Tel. +41 91 7806027, www.monte-anima.com

BÄRLAUCH

[*Allium ursinum*]

Bärlauch hat Karriere gemacht. Von der alten Heilpflanze mit Knoblaucharoma hat er sich zu einem Kraut entwickelt, das heutzutage in keiner Küche mehr fehlt. Es würzt Pesto, Wurst, Nudeln, Suppen, Aufstriche, Aufläufe und vieles mehr.

Was den Standort betrifft, so ist Bärlauch sehr anspruchsvoll. Der Boden darf nicht sauer sein, er muss tiefgründig und gut durchfeuchtet, aber nicht zu nass sein, und es müssen Laubbäume über ihm wachsen, die im Frühling das Sonnenlicht durchlassen und Ende Mai durch dichtes Laubwerk den Bärlauch beschatten. Sind diese Bedingungen erfüllt, wächst Bärlauch geradezu in Massen.

Die Blätter ähneln denen von Herbstzeitlose und Maiglöckchen und, wenn er aus dem Boden austreibt, auch denen des Aronstabs. Eine Verwechslung mit diesen giftigen Pflanzenarten ist sehr leicht möglich und daher eine Gefahr für ungeübte Sammler. Wenn Bärlauch mit weißen, typischen Lauchblüten blüht, ist der Wald in eine weiße Pracht verwandelt. Die Blüten strömen einen angenehmen, süßen Duft aus und sind eine aromatische essbare Dekoration. Die Blätter sind zwar in rohem Zustand etwas zäh, eignen sich aber immer noch zum Verzehr. Am besten schmeckt Bärlauch sehr fein geschnitten oder püriert. Aus den Blüten entwickeln sich kleine Früchte, die ein köstlich scharfes Aroma wie Frühlingszwiebeln haben, wenn sie noch grün sind. Wenn Bärlauch fruchtet, werden die Blätter bereits abgebaut, verfärben sich gelb und riechen unangenehm nach Knoblauch.

Unterschiedliche Meinungen existieren, weshalb der Bärlauch Bärlauch heißt. Die Silbe »Bär« in Pflanzennamen (Bärwurz, Bärenklau) kann von dem Wort »sich bähen« abgeleitet werden, was »in den Wehen liegen« und »gebären« heißt. Meist sind es Pflanzenarten, die in der Frauenheilkunde verwendet wurden. Eher unwahrscheinlich ist die Interpretation, dass Bären nach dem Winterschlaf bevorzugt Bärlauch fraßen oder derjenige, der Bärlauch isst, so stark wie ein Bär wird.

Bärlauch enthält wie Knoblauch Alliin, das bei Zerstörung der Pflanze zu Allicin umgesetzt wird und verantwortlich ist für den typischen Knoblauchgeschmack und seine Nachwirkungen, aber auch für seine gesundheitliche Wirkung.

BESTIMMUNG DER PFLANZE:

STANDORT: **auf sickerfeuchten bis staunassen und humusreichen Böden; in Auen- und Buchenwäldern**

BLÜTEZEIT: **Mai**

ERNTE: **Blätter: April bis Mai; Blüten: Mai; grüne Früchte: Mai**

FRISCHKÄSETERRINE MIT BÄRLAUCHPESTO UND LÖWENZAHN-SPINAT-SALAT

MARTIN GRIESSER

FÜR 4 PERSONEN
ZUBEREITUNGSZEIT: 1 ¼ STUNDEN
RUHEZEIT: 3–4 STUNDEN

Für die Frischkäseterrine:
50 g Ziegenfrischkäse
50 g Topfen (Quark)
50 g Sauerrahm
Salz und Pfeffer aus der Mühle
2 Knoblauchzehen
gemahlener Kümmel
Zitronensaft
1 EL Schnittlauchröllchen
3 Blatt Gelatine
100 g Sahne
5 Scheiben Bisonschinken
(alternativ Beinschinken)

Für das Bärlauchpesto:
100 g Bärlauch
2 Knoblauchzehen
2 EL Pinienkerne
500 ml Olivenöl
50 g frisch geriebener Parmesan
Salz und Pfeffer aus der Mühle

Für den Löwenzahn-Spinat-Salat:
3 EL Aceto balsamico
Salz und Pfeffer aus der Mühle
1–2 TL Löwenzahnhonig
(siehe Seite 72)
3 EL Olivenöl
100 g frische Löwenzahnblätter
100 g Babyspinatblätter

1 Den Ziegenfrischkäse und den Topfen durch ein Sieb streichen und mit dem Sauerrahm glatt rühren. Mit Salz und Pfeffer, den abgezogenen und durch die Knoblauchpresse gedrückten Knoblauchzehen, einer Prise Kümmel und etwas Zitronensaft würzen und die Schnittlauchröllchen unterrühren.

2 Die Gelatine in wenig Wasser einweichen. Die Hälfte der Sahne erhitzen und die Gelatine darin auflösen. Unter die Frischkäsemasse rühren. Die restliche Sahne steif schlagen und unter die Frischkäsemasse heben. Eine Terrinenform mit Frischhaltefolie auskleiden und die Schinkenscheiben auf dem Boden und an den Seiten auslegen. Die Frischkäsemasse einfüllen und mit den restlichen Schinkenscheiben belegen. Die Form für 3 bis 4 Stunden in den Kühlschrank stellen.

3 Für das Pesto den Bärlauch waschen und putzen. Anschließend trocken schleudern und grob zupfen. Die Knoblauchzehen abziehen und in Scheiben schneiden.

4 Bärlauch, Knoblauch und Pinienkerne mit dem Stabmixer pürieren. Das Öl langsam zugeben und mit dem Parmesan verrühren. Mit Salz und Pfeffer würzen.

5 Für den Salat aus den genannten Zutaten eine Vinaigrette herstellen. Die Löwenzahn- und Spinatblätter sorgfältig waschen und putzen. Anschließend trocken schleudern, grob zupfen und mit der Vinaigrette vermengen.

Anmerkung: Um dem Gericht einen besonderen Glanz zu verleihen, hat sich Martin Grießer eine weitere Köstlichkeit nach einem Pfälzer Vorbild einfallen lassen: Schwarze Nüsse (siehe Foto). Sie werden aus grünen, unreifen Walnüssen hergestellt und nach einer langwierigen und einige Wochen dauernden Prozedur in Gläser gefüllt. Sie sind eine interessante Beilage zu jeglicher Art von Braten.

BÄRLAUCHKNÖDEL

MARTIN GRIESSER

FÜR 4–6 PERSONEN
ZUBEREITUNGSZEIT: 30 MINUTEN

200 g Bärlauch
4 Schalotten
2 Knoblauchzehen
400 ml Milch
100 g Butter
Salz und Pfeffer aus der Mühle
500 g Knödelbrot
5 Eier
frisch geriebene Muskatnuss

1 Den Bärlauch waschen, putzen und trocken schleudern. Die Hälfte in schmale Streifen schneiden. Die Schalotten und die Knoblauchzehen abziehen und in kleine Würfel schneiden.

2 Die Milch mit der Hälfte der Butter erhitzen. Den Knoblauch hinzufügen und mit Salz und Pfeffer würzen. Die restliche Butter bei leichter Hitze zerlassen und die Schalotten glasig anschwitzen.

3 Das Knödelbrot in eine Schüssel geben und die Milch, die verquirlten Eier sowie die Schalotten zugeben.

4 Die restlichen Bärlauchblätter mit etwas Milch mit dem Stabmixer pürieren und zum Knödelbrot geben. Kräftig miteinander vermengen und mit Salz und Pfeffer sowie Muskat abschmecken. 10 Minuten ziehen lassen.

5 Knödel formen und in reichlich siedendem Salzwasser garen lassen. Mit einem Schaumlöffel herausnehmen.

Anmerkung: Das auf dem Foto abgebildete Kitzbeuschel ist ein Gericht der traditionellen Wiener, österreichischen, aber auch bayerischen Küche. Dabei handelt es sich um ein Ragout aus Lunge und Herz des Tieres. Das Fleisch wird in mit Essig versetztem Salzwasser, welchem Suppengrün und verschiedene Gewürze zugefügt werden, weich gekocht, in schmale Streifen geschnitten und in einer auf der Basis einer braunen Mehleinbrenne und Essiggurken hergestellten Sauce gegart. Zum Schluss wird sie mit Schlagsahne und Weißwein verfeinert.
Besonders im frühen Frühjahr, wenn der Bärlauch in den Rheinauen um Hohenems sprießt, steht das Gericht oft auf der Speisekarte des Gasthofs Adler.
Bärlauchknödel lassen sich aber ebenso gut mit jeder Art von Gulasch oder anderen Saucengerichten kombinieren.

GROSSE BRENNNESSEL

[*Urtica urens*]

Es wird kaum jemanden geben, der nicht schon als Kind schmerzhafte Erfahrungen mit Brennnesseln gemacht hat – sich unfreiwillig »in die Nesseln gesetzt« hat – oder die Mutprobe, Brennnesselblätter zu essen, bestehen musste.

Wie Giersch ist die Brennnessel seit Jahrhunderten ein Gemüse für Notzeiten gewesen. Inzwischen hat sie ihren Platz in der feinen Wildkräuterküche gefunden. Darüber hinaus wird Brennnesseltee in der Volksheilkunde geschätzt.

Fast in Vergessenheit geraten ist die Bedeutung der Brennnesselfaser, die zu Nessel verwebt wurde. In jüngster Zeit werden Brennnesseln wieder für die Fasergewinnung angebaut. Man gewinnt daraus einen attraktiven, modischen Stoff sowie eine reißfeste Faser für industrielle Zwecke. Brennnesseln entwickeln einen ausgedehnten Wurzelstock mit zahlreichen Ausläufern, aus denen die grünen Sprosse mit gegenständigen, etwas herzförmigen Blättern austreiben. Brennnesseln stehen deshalb flächendeckend dicht nebeneinander.

Taubnesseln ohne Blüten sehen Brennnesseln zum Verwechseln ähnlich. Brennhaare haben sie allerdings nicht. Die Blüten sind auffällig weiß, violett oder gelb gefärbt. Auch Taubnesseln sind sehr aromatisch, sodass eine gelegentliche Verwechslung ein Wildgemüsegericht bereichern kann. Erst wenn sich im Juni an zarten Rispen der bis zu ein Meter hohen Brennnesseln viele unscheinbare Blüten entwickeln, lässt sich erkennen, dass es männliche und weibliche Pflanzen gibt. Die männlichen Blüten enthalten die Staubblätter mit Pollen, die weiblichen die Fruchtblätter, aus denen sich nach der Bestäubung die kleinen Früchte entwickeln.

Die noch grünen Früchte können in Olivenöl geröstet werden. Leicht gesalzen und mit Zitronensaft beträufelt, werden sie dank ihres nussartigen Aromas zu einer ungewöhnlichen Delikatesse. Die unreifen, grünen Früchte können, je nach Standort, von Juli bis September geerntet werden. Möchte man dagegen vom Frühjahr bis in den Spätherbst junge Blätter verwenden, sollten die Sprosse immer wieder abgeerntet oder abgemäht werden. Die Pflanze treibt danach erneut junge Triebe aus den Wurzeln aus.

BESTIMMUNG DER PFLANZE:

STANDORT: nährstoffreiche Böden; Gärten, Gebüsche, Unkrautbestände
BLÜTEZEIT: Juni
ERNTE: unreife, grüne Früchte: Juli bis September;
Blätter: März bis Oktober

FARCIERTE TAUBENBRUST MIT BRENNNESSELN UND PFIFFERLINGEN

ACHIM SCHWEKENDIEK

FÜR 4 PERSONEN
ZUBEREITUNGSZEIT: 1 STUNDE

70 g Putenbrust
Salz
4 EL Butter
100 g Brennnesselblätter
80 g Sahne
160 g Pfifferlinge
½ Schalotte
6 EL Geflügeljus
3 EL geschlagene Sahne
2 Tauben
12 grüne Spargelstangen
Zucker
½ Sellerieknolle
Piment
1 EL Nussbutter

1 Die Putenbrust ohne Haut und Sehnen in kleine Würfel schneiden. Kräftig salzen und kalt stellen. Anschließend in einer Moulinette zu einer Farce pürieren.

2 2 Esslöffel Butter so lange erhitzen, bis sie eine braune Farbe angenommen hat. Anschließend durch ein Sieb streichen. Die Brennnesselblätter in kochendem Salzwasser blanchieren, sorgfältig ausdrücken und mit der Putenbrustfarce vermengen. Nach und nach 50 g Sahne und die braune Butter hinzufügen und sorgfältig verrühren.

3 Die Pfifferlinge waschen und putzen. Die Schalotte abziehen und fein würfeln. Die restliche Butter bei mittlerer Hitze zerlassen und die Schalotten glasig anschwitzen. Die Pfifferlinge dazugeben und rundum hellbraun anbraten. Mit zwei Esslöffeln Geflügeljus und der geschlagenen Sahne verrühren.

4 Den Backofen auf 160 °C vorheizen. Die Taubenbrüste auslösen und die Haut entfernen. Mit der Farce bestreichen und 8 Minuten im heißen Ofen garen. Herausnehmen und 3 bis 4 Minuten ruhen lassen. Anschließend in Scheiben schneiden.

5 Den Spargel vorbereiten und in Salzwasser, dem etwas Zucker zugesetzt wird, bissfest kochen. Die Sellerieknolle schälen, grob würfeln und in Salzwasser weich kochen. Das Wasser abgießen. Die Selleriewürfel mit der restlichen Sahne und einer Prise Piment verkochen, bis fast keine Flüssigkeit mehr im Topf ist. Mit dem Stabmixer pürieren. Die restliche Geflügeljus aufkochen.

6 Das Selleriepüree auf dem Teller anrichten und mit der Nussbutter nappieren. Die Pfifferlinge darüber auslegen. Die Taubenscheiben daraufsetzen. Die Spargelspitzen daneben platzieren und jeweils einen Pfifferling in die Mitte setzen.

FORELLENMAULTASCHEN MIT BRENNNESSELN GEFÜLLT

JOSEF FEHRENBACH

FÜR 4 PERSONEN
ZUBEREITUNGSZEIT: 30 MINUTEN
RUHEZEIT: 1 STUNDE

Für den Nudelteig:
230 g Mehl
20 g Grieß
2 Eier
1 EL Öl
1–2 EL Wasser
Salz

Für die Forellenfüllung:
200 g Forellenfilets
100 g Brennnesseln
1 EL Olivenöl
200 g Sahne
Salz und Pfeffer aus der Mühle
1 Eigelb

Für die Kräutersauce:
20 g Butter
20 g gehackte Brennnesseln,
Petersilie und Kapuzinerkresse,
gemischt
1 EL Mehl
100 ml Weißwein
50 g Sahne

Zum Anrichten:
8 Brennnesselblätter
2 EL Olivenöl
8 Kirschtomaten

1 Die Zutaten für den Nudelteig in der Küchenmaschine zu einem festen Teig kneten. In Frischhaltefolie einschlagen und mindestens 1 Stunde ruhen lassen.

2 Die Forellenfilets klein schneiden und kalt stellen.

3 In der Zwischenzeit die Brennnesseln waschen und in feine Streifen schneiden. Das Olivenöl erhitzen und die Brennnesseln andünsten.

4 Das Forellenfleisch mit dem Stabmixer pürieren und nach und nach die Sahne hinzufügen. Mit Salz und Pfeffer würzen. Darauf achten, dass alles sehr kalt ist. Anschließend mit den gedünsteten Brennnesseln verrühren.

5 Den Nudelteig mit der Nudelmaschine dünn ausrollen und in zwei Hälften teilen. Die eine Hälfte mit dem Eigelb bestreichen. Von der Forellenfüllung 20 kleine Häufchen in gleichmäßigem Abstand auf dem Teig verteilen und die zweite Teighälfte darüberlegen. Den Teig um die Füllung sorgfältig festdrücken und mit dem Teigrädchen die Maultaschen voneinander abtrennen. In kochendem Salzwasser etwa 4 Minuten garen.

6 Die Butter bei leichter Hitze zerlassen und die Kräuter anschwitzen. Das Mehl dazugeben und mit dem Weißwein ablöschen. Die Sahne einrühren, aufkochen lassen und mit dem Stabmixer schaumig rühren.

7 Zum Anrichten die Brennnesselblätter in 1 Esslöffel Olivenöl knusprig anbraten und die Kirschtomaten in 1 Esslöffel Olivenöl kurz dünsten. Jeweils fünf Maultaschen auf dem Teller platzieren und mit der Kräutersauce überziehen. Mit jeweils zwei Brennnesselblättern und zwei Kirschtomaten garnieren.

BRENNNESSELSPÄTZLE

JOSEF FEHRENBACH

FÜR 4 PERSONEN
ZUBEREITUNGSZEIT: 45 MINUTEN

50 g Brennnesselblätter
250 g Weizenmehl Type 550
5 Eier
Salz
frisch geriebene Muskatnuss
200 ml Wasser
20 g Sonnenblumenöl
20 g Butter

1 Die Brennnesselblätter klein schneiden.

2 Das Mehl sieben und mit den Eiern vermengen. Mit Salz und Muskat würzen. Mit einem Holzlöffel kräftig durchschlagen und dabei das Wasser nach und nach hinzufügen.

3 In einem großen Topf reichlich Salzwasser zum Kochen bringen. Den Spätzlehobel kurz in das Wasser tauchen und den Teig einfüllen. Die Spätzle in das siedende Wasser hobeln.

4 Wenn die Spätzle an die Oberfläche steigen, einmal kurz aufkochen lassen. Mit dem Schaumlöffel herausheben oder in einem Durchschlag abtropfen lassen. Das Sonnenblumenöl und die Butter bei leichter Hitze heiß werden lassen und die Spätzle darin wenden. Nach etwa 1 Minute die Brennnesseln hinzufügen und 1 Minute anschwitzen.

Anmerkung: Josef Fehrenbach serviert die Brennnesselspätzle zur Kalbskeule auf Seite 85.

BRENNNESSELEIS

JOSEF FEHRENBACH

FÜR 4 PERSONEN
ZUBEREITUNGSZEIT: 1 STUNDE

50 g Brennnesselblätter
20 g Butter
375 ml Milch
125 g Zucker
125 g Sahne
3 Eier

1 Die Brennnesselblätter in Streifen schneiden.

2 Die Butter bei leichter Hitze zerlassen und die Brennnessel-streifen einige Minuten andünsten.

3 Milch mit Zucker und Sahne aufkochen lassen und die Eier unterrühren. Die Brennnesseln hinzufügen, abkühlen lassen und in der Eismaschine 8 Minuten gefrieren.

DOST

[Origanum vulgare]

Dost ist gemeinhin auch unter dem Namen Oregano oder Wilder Majoran bekannt. Er ist ein beliebtes Gewürz für mediterrane Gerichte, für Pizza und Pastasughi. Besonders in den warmen, sonnigen Mittelmeergebieten entwickelt er sein volles, wunderbar würziges Aroma.

Dost ist jedoch in ganz Europa verbreitet und besiedelt bevorzugt basische Böden besonders der Kalkgebiete. Er ist eine wärmeliebende Pflanzenart, die von Juli bis September sonnige Böschungen, Waldränder und Magerwiesen mit violetten Blütenbüschen bedeckt. Von der Ebene bis ins Gebirge (1800 Meter) ist Dost zu finden. Die widerstandsfähige Staude, die sich nicht nur durch Samen, sondern auch durch unterirdische Ausläufer verbreiten kann, ist stark verzweigt, hat gegenständige Blätter, und die Blüten sind in Büscheln angeordnet. Die Bezeichnung *Dost* leitet sich von dem mittelhochdeutschen *doste* für Strauß oder Büschel ab.

Die Blüten, deren Nektarproduktion gegen Mittag am höchsten ist, locken eine Vielzahl von Insekten an. Der doldenförmige Blütenstand bietet Schmetterlingen wie dem Kleinen Fuchs, dem Kaisermantel oder Pfauenauge einen idealen Landeplatz. Das blühende Kraut wird als Gewürz- und als Heilkraut geschätzt. Aber auch die jungen, noch zarten, stark beblätterten Stängel eignen sich zum Würzen von Speisen.

Wie alle Lippenblütler enthält Dost ätherische Öle, insbesondere Carvacrol, das für den typischen Geschmack der Pizza verantwortlich ist und in Verbindung mit Rosmarin und Thymian vielen Gerichten den Duft und Geschmack des mediterranen Südens verleiht. Im Übrigen weist Dost einen zehnmal höheren Gehalt an Carvacrol auf als Thymian. Dost ist aber letztlich viel mehr als ein Pizzagewürz. Tee aus Dost hat ein sehr angenehmes Aroma und wirkt entspannend, und ein Dostgelee mit Apfelsaft ist ein köstlicher süßer Brotaufstrich. Der Duft der ätherischen Öle war es, der die Menschen im Mittelalter hoffen ließ, mit Sträußen von Dost, Thymian und anderen Kräutern böse Geister zu vertreiben. Viele Beschwörungsformeln und Zaubersprüche sind aus dieser Zeit überliefert.

BESTIMMUNG DER PFLANZE:

STANDORT: sonnige, magere Böschungen, Waldränder auf basischem Boden

BLÜTEZEIT: Juni bis August

ERNTE: April bis Mai

TOURTE NIÇOISE VON MANGOLD, GEISSFUSS UND DOST

RAIMAR PILZ

FÜR 4 PERSONEN
ZUBEREITUNGSZEIT: 45 MINUTEN

2 Zwiebeln
250 g Zucchini
500 g Mangold
1 Handvoll kleine Pfifferlinge
2 Knoblauchzehen
3 EL Olivenöl
4 EL in Streifen geschnittenes Basilikum
1 TL Dost
1 TL Quendel
1 Handvoll Geißfuß
2 Eier
2 EL Sahne
Salz und weißer Pfeffer aus der Mühle
1 EL Butter für die Form
2 Eigelbe
1 EL Milch
600 g Filoteig

Zum Anrichten:
4 EL Olivenöl
100 g Ölrauke
Kresseblüten

1 Die Zwiebeln abziehen und in kleine Würfel schneiden. Die Zucchini waschen und ebenfalls in kleine Würfel schneiden. Den Mangold blanchieren, sorgfältig ausdrücken und fein hacken. Die Pfifferlinge putzen.

2 Die Knoblauchzehen abziehen. 3 Esslöffel Olivenöl in einem schweren Topf erhitzen und den Mangold, die Pfifferlinge sowie die Kräuter und die durch die Knoblauchpresse gedrückten Knoblauchzehen dazugeben und so lange dünsten, bis das Wasser verdampft und das Gemüse weich ist. Aus dem Topf in eine Schüssel geben und abkühlen lassen.

3 Die Eier und die Sahne hinzufügen und alles mit Salz und Pfeffer würzen.

4 Den Backofen auf 180 °C vorheizen. Eine Springform mit der Butter ausstreichen. Die Eigelbe mit der Milch verrühren.

5 Den Filoteig halbieren und die Form mit der einen Hälfte auslegen. Die abgekühlte Gemüsemasse hineinfüllen und mit der anderen Teighälfte abdecken. Die Ränder gut miteinander verkneten. Den Deckel nach Geschmack mit Teigresten verzieren und mit den mit der Milch verquirlten Eigelben bestreichen.

6 Etwa 10 bis 15 Minuten im heißen Ofen backen. Sollte die Oberfläche zu schnell braun werden, mit Alufolie abdecken und fertig backen.

7 Die Tourte in portionsgerechte Stücke schneiden und je ein Stück auf dem Teller platzieren. Mit mit Olivenöl benetzter Ölrauke und frischen Kresseblüten dekorieren. Kleinere Portionen kann man auch in Edelstahlförmchen separat herstellen (siehe Foto).

SCHOKOLADENTARTE MIT DOST, BERBERITZEN-BEEREN UND KORNBLUMENGLACE

RAIMAR PILZ

FÜR 4 PERSONEN
ZUBEREITUNGSZEIT: 40 MINUTEN
GEFRIERZEIT: 3–4 STUNDEN

Für die Kornblumenglace:
300 g Sahne
100 g Zucker
Mark von 2 Vanilleschoten
4 Eigelbe
20 g Kornblumenblütentepalen

Für den Teig:
110 g Butter
60 g Haselnussgrieß
60 g bittere Kuvertüre
75 g Nougat
3 Eier
100 g Zucker
70 g Mehl
Dost (Menge nach Geschmack)
1 EL Puderzucker

Für die Berberitzen:
200 g Berberitzenbeeren,
frisch oder getrocknet
100 g Gelierzucker
50 ml Weißwein mit Restsüße
(Auslese oder Beerenauslese)
einige Zitronenverveineblätter

1 Für die Glace alle Zutaten bis auf die Eigelbe und die Kornblumenblütenblätter in einen Topf geben und auf 70 °C erwärmen.

2 Die Eigelbe hinzufügen und die Sahnemasse bis zur Bindung erhitzen. Von der Kochstelle nehmen und abkühlen lassen. Die Kornblumenblütenblätter dazugeben. In einer Eismaschine 3 bis 4 Stunden gefrieren.

3 Den Backofen auf 210 °C vorheizen. 100 Gramm Butter bei leichter Hitze zerlassen und den Grieß, die Kuvertüre und den Nougat hinzufügen. Rühren, bis die Kuvertüre und der Nougat geschmolzen sind. Anschließend von der Kochstelle nehmen und abkühlen lassen.

4 Die Eier mit dem Zucker schaumig schlagen. Mit der Nougatmasse verrühren und das Mehl unterheben. Den Dost hinzufügen und unterrühren.

5 Förmchen von 8 Zentimeter Durchmesser mit der restlichen Butter ausstreichen und mit der Masse füllen. Im heißen Ofen 10 Minuten backen. Das Innere sollte noch flüssig sein. Mit Puderzucker bestäuben und warm stellen.

6 Für die Berberitzen die Beeren mit dem Gelierzucker und dem Weißwein aufkochen und gelieren lassen. Von der Kochstelle nehmen, abkühlen lassen und die Zitronenverveineblätter dazugeben. 20 Minuten ziehen lassen und die Blätter wieder entfernen.

7 Zum Anrichten die Küchlein stürzen und auf dem Teller mit dem Beerenragout und der Glace anrichten.

RINDERTAFELSPITZ MIT ARTISCHOCKENJUS

ACHIM SCHWEKENDIEK

FÜR 4 PERSONEN
ZUBEREITUNGSZEIT: 10 STUNDEN

1 kg Rindertafelspitz US*
Salz und Pfeffer aus der Mühle
10 EL Olivenöl extra vergine
1 Knoblauchzehe
1 Bund Dost
1 TL frisch geriebener Parmesan
1 rote Paprikaschote
1 Zucchino
3 Schalotten
1 Artischocke
4 EL Kalbsjus
100 g grüne Bohnen

1 Den Backofen auf 170 °C vorheizen. Von der Unterseite des Tafelspitzes die Sehne, jedoch nicht die Fettschicht entfernen. Das Fleisch mit Salz und Pfeffer würzen. 2 Esslöffel Olivenöl erhitzen und das Fleisch auf der Fettseite anbraten. Anschließend im heißen Ofen 12 Minuten garen. Die Temperatur auf 65 °C zurückschalten und den Tafelspitz 8 bis 10 Stunden garen.

2 Die Knoblauchzehe abziehen und in Scheiben schneiden. Drei Viertel des Dosts mit 5 Esslöffeln Olivenöl mit dem Stabmixer pürieren. Knoblauch, Salz und den Parmesan hinzufügen und noch einmal pürieren.

3 Die Paprikaschote mit dem Sparschäler schälen, Stielansatz, Samen und Trennwände entfernen und das Fruchtfleisch in Rauten schneiden. Den Zucchino waschen und ebenfalls in Rauten schneiden. Die Schalotten abziehen und 2 davon in Würfel, die restliche Schalotte in Brunoise schneiden. Die Artischocke ausbrechen und den Boden ebenfalls in Brunoise schneiden.

4 1 Esslöffel Olivenöl erhitzen und die Schalotten- und Artischockenbrunoise sautieren. Mit der Kalbsjus auffüllen. Die Bohnen in Salzwasser bissfest kochen und in einem Sieb abtropfen lassen.

5 Das restliche Olivenöl erhitzen und die Schalottenwürfel sowie die Paprika- und Zucchinirauten anbraten. Dann die Bohnen zugeben und mit Salz und Pfeffer und etwas Dostpesto würzen.

6 Den Backofen auf 185 °C erhitzen. Den Tafelspitz im heißen Ofen nochmals erwärmen und in Scheiben schneiden. Mit der Artischockenjus und dem Gemüse anrichten.

Anmerkung: Achim Schwekendiek wickelt die Bohnen in Olivenpolenta ein, die er auch als Untergrund für das Fleisch gewählt hat (siehe Foto).

* Nur die US-Ware und Wagyu-Beef eignen sich zum Niedrigtemperaturgaren. Deutscher Tafelspitz ist nicht zart genug.

GÄNSEBLÜMCHEN

[Bellis perenni]

»Ein Rasen ohne Gänseblümchen ist wie der Himmel ohne Sterne.« So oder ähnlich ließe sich eine beliebte Redewendung verändern. Rasenflächen sind der bevorzugte Standort dieses unscheinbaren und trotzdem in aller Welt bekannten Korbblütlers. Jedes Kind kennt Gänseblümchen, und schon die Kleinsten können sie unbeschadet in den Mund stecken. In einem grünen Körbchen umrahmen weiße Zungenblüten die gelben Röhrenblüten in der Mitte und lassen das Gesamtarrangement wie eine Einzelblüte aussehen.

Die Blätter bilden eine Rosette und drücken sich flach an den Boden an. Zwischen den Blättern sind die Knospen verborgen und überleben auf diese Weise jedes Rasenmähen, sodass kurz nach der Mahd die Blüten wieder da sind. Auf diese Eigenschaft bezieht sich wahrscheinlich auch der Name, denn auf von Gänsen abgeweideten Wiesen waren Gänseblümchen häufig vorzufinden.

Gänseblümchen konnten sich bereits in vorgeschichtlicher Zeit ausbreiten. Der Mensch musste die Wälder roden, um für das Vieh Wiesen zum Weiden zu schaffen. In den letzten Jahrhunderten hat sich das Gänseblümchen durch die Anlage von Rasenflächen in Parks und Gärten mit Grassamen über die ganze Welt verbreitet. Viele Legenden ranken sich ums Gänseblümchen, auch Marienblümchen genannt. Insbesondere auf Gemälden altniederländischer Meister sind Gänseblümchen oft in der Nähe der Gottesmutter Maria eingestreut. Vielleicht symbolisieren sie die Tränen, die Maria auf der Flucht nach Ägypten vergossen haben soll. Gänseblümchen enthalten unter anderem Saponine und Schleimstoffe, die schleimlösend wirken. Gänseblümchentee wird deshalb als Hustentee besonders für Kinder empfohlen.

Mit den dekorativen Blütenkörbchen, die einen nussartigen Geschmack haben, lassen sich fast alle Speisen vom Salat bis zum Dessert verzieren. Ein ästhetischer Genuss ist, wenn eine heiße Suppe vor dem Servieren mit frischen Blüten belegt wird: Das Öffnen der Blütenkörbe kann direkt beobachtet werden, und so ist dem Gericht die allgemeine Aufmerksamkeit sicher. Ungewöhnliche Delikatessen sind Gänseblümchenpesto oder süße, in Schokolade getunkte Gänseblümchen.

BESTIMMUNG DER PFLANZE:

STANDORT: Rasenflächen

BLÜTEZEIT: März bis Oktober

ERNTE: März bis Oktober

TRILOGIE VOM MILCHKALB

ACHIM SCHWEKENDIEK

FÜR 2 PERSONEN
ZUBEREITUNGSZEIT: 1 ½ STUNDEN

2 Schalotten
2 EL Butter
100 ml Rotwein, z. B. Beaujolais
100 ml roter Portwein
160 g Steinpilze
½ Romanesco
Salz
2 Kalbsbacken
Pfeffer aus der Mühle
1 EL Crème fraîche
1 TL Essig
2 EL Mie de pain
1 TL Schnittlauchröllchen
1 EL Mehl
1 Ei
200 ml Steinpilzcremesuppe
2,5 g Agar-Agar
1 Blatt Gelatine
320 g Milchkalbsfilet
6 Kapern
1 Eigelb
Senf
2 EL Butterschmalz

Zum Anrichten:
1 Handvoll Gänseblümchen
mit Stiel

1 Die Schalotten abziehen und in kleine Würfel schneiden. 1 Esslöffel Butter bei leichter Hitze zerlassen und die Schalotten glasig anschwitzen. Den Rotwein und den Portwein hinzufügen und einkochen lassen.

2 Die Steinpilze sorgfältig putzen und in feine Scheiben schneiden. Die restliche Butter bei leichter Hitze zerlassen und die Pilze rundum anbraten. Warm halten. Den Romanesco in reichlich kochendem Salzwasser bissfest garen und in kleine Stücke schneiden. Ebenfalls warm halten.

3 Die Kalbsbacken in Würfel schneiden, mit Salz und Pfeffer würzen. Mit der Crème fraîche verrühren und einige Minuten einkochen. Mit dem Essig abschmecken, in ein kleines Gefäß pressen und kalt stellen.

4 Mie de pain mit den Schnittlauchröllchen vermengen. Die Kalbsbacken in Streifen schneiden, mehlieren, durch das verschlagene Ei ziehen und in Schnittlauch-Mie-de-pain panieren.

5 Die Steinpilzcremesuppe mit dem Agar-Agar aufkochen. Die eingeweichte Gelatine dazugeben und auf einem Blech ausstreichen. Abkühlen lassen und in Rechtecke schneiden. Die Steinpilze und den Romanesco darauf verteilen und warm halten (60 bis 80 °C).

6 Die Hälfte des Kalbsfilets pochieren. Die andere Hälfte mit den eingekochten Schalotten und Kapern, dem Eigelb, einer Messerspitze Senf, Salz und Pfeffer zu Tatar verarbeiten.

7 Die panierten Kalbsbacken in dem Butterschmalz anbraten. Die gelierten Steinpilze und den Romanesco auf den Teller geben und das in Scheiben geschnittene Kalbsfilet sowie das Tatar darauf platzieren. Das Zwiebelmousse als Streifen und die Kalbsbacken daneben anrichten und mit den Gänseblümchen dekorieren.

GÄNSEBLÜMCHEN

RÜEBLIKUCHEN MIT GÄNSEBLÜMCHEN

MANUELA TREPPENS

FÜR EINE SPRINGFORM (24 CM Ø)
VORBEREITUNGSZEIT: 30 MINUTEN
BACKZEIT: 60 MINUTEN

Für den Teig:
400 g Rüebli (Möhren)
5 Eigelbe
150 g Zucker
1 EL warmes Wasser
150 g gemahlene Mandeln
100 g Mehl
Abrieb einer unbehandelten Zitrone
1 TL Zimt
Salz
1 TL Backpulver
5 Eiweiße

Für die Glasur:
300 g Puderzucker
2 TL Zitronensaft
1–2 TL Wasser

Für die Dekoration:
50 g gehackte Pistazien
1 Handvoll Gänseblümchen

Nach Bedarf:
1 Eiweiß
1 EL Wasser
100 g feiner Zucker

1 Die Rüebli schälen und fein raspeln. Den Backofen auf 180 °C vorheizen.

2 Die Eigelbe, Zucker und Wasser mit dem Handmixer verquirlen. Die Mandeln, das Mehl, die Zitronenschale, Zimt, eine Prise Salz sowie das Backpulver unter Rühren dazugeben. Die Möhren hinzufügen und sorgfältig verrühren.

3 Eiweiß mit einer Prise Salz steif schlagen und vorsichtig unter den Teig heben.

4 Die Springform mit Backpapier auslegen und den Teig einfüllen. 50 bis 60 Minuten im heißen Ofen backen. Anschließend abkühlen lassen.

5 Vor dem Servieren Zitronenglasur aufbringen. Dazu Puderzucker, Zitronensaft und Wasser zu einer dickflüssigen Masse verrühren und den Kuchen ringsum glasieren.

6 Mit den Pistazien verzieren, die Oberseite locker mit frischen oder kandierten Gänseblümchen dekorieren.

Anmerkung: Der Rüeblikuchen kann gut 1 bis 2 Tage vor dem Anschneiden gebacken werden; er zieht dann besonders gut durch. Wird der Kuchen sofort gegessen, können die Gänseblümchen frisch verwendet werden. Um die Blüten haltbar zu machen, empfiehlt es sich, sie zu kandieren. Dazu 1 Eiweiß mit 1 Esslöffel Wasser verschlagen. Die Blüten auf Pergamentpapier auslegen, mit einem Pinsel dünn bestreichen, mit dem Zucker bestreuen und im lauwarmen Ofen trocknen lassen.

GIERSCH

[Aegopodium podagraria]

Giersch ist für Gartenliebhaber sicher eines der Wildkräuter »non grata«, für Liebhaber der Wildkräuterküche dagegen eines der schmackhaftesten Wildgemüse, das fast zu jeder Jahreszeit in großen Mengen und zum Nulltarif zu haben ist.

Die Karriere dieser Pflanze vom »Arme Leute«-Gemüse zum Gourmetkraut ist einzigartig. Giersch- oder Geselkohl war früher ein typischer einfacher Eintopf mit Kartoffeln und Speck. Und folgt man der Überlieferung, dann haben schon die römischen Legionäre ihren Vitaminbedarf mit Gierschgemüse gedeckt. Heute darf Giersch in der gehobenen Wildkräuterküche nicht mehr fehlen.

Giersch, auch Dreiblatt, Geißfuß oder Gesel genannt, ist leicht an der Dreiteiligkeit seiner gefiederten Blätter und dem scharf dreikantigen Stängel zu erkennen. Die beiden Seitenfiedern sowie die mittlere sind jeweils in drei Blättchen unterteilt. Die Blätter stehen aufrecht und entwickeln sich aus den zahlreichen unterirdischen Ausläufern, auf denen sie einem Geißfuß ähnlich aufsitzen.

Giersch gehört zur Familie der Doldenblütler, deren Blütenstände sich im Juni entwickeln. Nicht nur die Blätter, sondern auch die zarten Blütenknospen sind eine delikate Beigabe zu Salaten, und gedünstet ergeben sie ein aromatisches Wildgemüse. Allerdings ist es empfehlenswert, Giersch vor der Blüte immer wieder abzuschneiden, sodass auch im Sommer und bis zum Herbst die ergiebigeren jungen Blätter geerntet werden können.

Giersch, der immer ganze Flächen bedeckt, ist ein Stickstoffzeiger. Er verbreitet sich im Überfluss dort, wo der Boden reichlich Nährstoffe (Nitrat) enthält. In seiner Nähe findet man häufig Brennnessel, Gundermann und Knoblauchrauke.

Das schmackhafte Wildkraut enthält verschiedene ätherische Öle. Diese ähneln in ihrem Duft und ihrem Geschmack einer interessanten Mischung aus Möhre, Petersilie und Sellerie. Interessant ist der hohe Gehalt an Kalium, Vitamin C und Flavonoiden. Kalium wirkt beim Menschen leicht entwässernd, weshalb Giersch häufig als Heilkraut bei Stoffwechselstörungen, insbesondere Gicht, verwendet wird.

BESTIMMUNG DER PFLANZE:

STANDORT: nährstoffreiche Böden; Gärten, Gebüsche, Unkrautbestände

BLÜTEZEIT: Juni

ERNTE: Blätter und Blattstängel: März bis Oktober

SALAT VON PFIFFERLINGEN, GIERSCH UND FRISCHEN MANDELN MIT GÄNSELEBERCREME

RAIMAR PILZ

FÜR 4 PERSONEN
ZUBEREITUNGSZEIT: 20 MINUTEN
RUHEZEIT: 1 STUNDE

Für das Gemüse:
80 g grüne Bohnen
1 gelber Zucchino
4 kleine Okraschoten
500 g Pfifferlinge
grobes Meersalz

Für die Entenleberterrine:
60 g Sahne (35 % Fettgehalt)
Salz und Pfeffer aus der Mühle
80 g Entenleberpastete,
fertig in der Terrine gegart
(am besten gekauft im Feinkostladen
oder aus dem Urlaub mitgebracht)
2 Blatt Gelatine
Zitronensaft

Für die Vinaigrette:
1 TL Zitronensaft
4 EL Olivenöl
1 TL Haselnussöl
1 EL Aceto balsamico
Salz und Pfeffer aus der Mühle

Zum Anrichten:
20 g schwarze Sommertrüffeln
4 frische grüne Mandeln
vom Markt
16 junge Gierschblätter

1 Die grünen Bohnen waschen, putzen und anschließend blanchieren. Den Zucchino waschen, ungeschält in feine Scheiben schneiden und anschließend blanchieren. Die Okraschoten waschen und putzen, anschließend blanchieren.

2 Die Pfifferlinge sorgfältig waschen, putzen und mit dem groben Meersalz in wenig Wasser kurz andünsten, abseihen und abkühlen lassen.

3 Die Sahne steif schlagen und mit Salz und Pfeffer würzen.

4 Die Entenleberpastete in einen Topf geben und bei leichter Hitze weich werden lassen, ohne sie zu schmelzen.

5 Die Gelatine in wenig Wasser einweichen, ausdrücken und hinzufügen. Die Sahne vorsichtig unterheben. Mit etwas Zitronensaft, Salz und Pfeffer würzen und mindestens 1 Stunde im Kühlschrank fest werden lassen.

6 Aus den genannten Zutaten die Vinaigrette herstellen.

7 Die Trüffeln in feine Scheiben hobeln. Die Mandeln aufbrechen und ebenfalls in feine Scheiben hobeln. Die Gemüse einzeln mit der Vinaigrette vermengen und auf dem Teller anrichten. Die Gierschblätter ebenfalls mit der Vinaigrette vermengen und neben das Gemüse setzen. Mit einem Löffel von der Terrine kleine Nocken abstechen und auf dem Teller platzieren. Mit den Trüffeln und den Mandeln bestreuen.

Anmerkung: Raimar Pilz dekoriert dieses Gericht je nach Jahreszeit noch mit wildem Storchschnabel und Lichtnelkenblüten. Das sieht besonders attraktiv aus.

GEMÜSERISOTTO MIT GIERSCH
MANUELA TREPPENS

FÜR 4 PERSONEN
ZUBEREITUNGSZEIT: 50 MINUTEN

200 g rote Paprikaschote
4 EL Olivenöl
200 g Aubergine
200 g Zucchini
2 Zwiebeln
250 g Risottoreis
frisch geriebene Muskatnuss
½ TL fein gehackter Thymian
50 ml trockener Weißwein
1 l heiße Gemüsebrühe
4 Handvoll Gierschblätter
(ergibt etwa 100 g)
Salz und Pfeffer aus der Mühle

Zum Anrichten:
2 Tomaten
20 schwarze Oliven
150 g frisch geriebener Parmesan

1 Die Paprikaschote waschen, Stielansatz und Samen entfernen und das Fruchtfleisch in schmale Streifen schneiden. 1 Esslöffel Olivenöl erhitzen und die Paprikastreifen andünsten. Beiseitestellen.

2 Die Aubergine waschen, in 1 Zentimeter große Würfel schneiden und in 1 Esslöffel Olivenöl anbraten. Ebenso mit den Zucchini verfahren.

3 Die Zwiebeln abziehen und in kleine Würfel schneiden. Das restliche Olivenöl erhitzen und die Zwiebeln glasig anschwitzen. Den Reis einrühren. Mit Muskat und Thymian würzen und mit dem Wein ablöschen.

4 Nach und nach die Gemüsebrühe angießen, wobei der Reis die Flüssigkeit erst vollständig aufgenommen haben muss, bevor erneut Brühe angegossen wird. Unablässig etwa 15 Minuten weiterrühren. Anschließend die Gemüse hinzufügen.

5 Die Gierschblätter in feine Streifen schneiden, mit dem Risotto vermengen und weitere 10 Minuten unter ständigem Rühren garen. Wenn der Reis gar, aber noch »all'onda« (d. h. der Reis bewegt sich bei geneigtem Teller wie eine Welle von einem Rand zum andern) ist, mit Salz und Pfeffer abschmecken.

6 Den Risotto in tiefen Tellern anrichten und mit den in ganz kleine Würfel geschnittenen Tomaten und den schwarzen Oliven garnieren. Den Parmesan getrennt reichen.

43

GUNDERMANN

[Glechoma hederacea]

Erdefeu, Guck-durch-den-Zaun, Soldatenpetersilie sind nur einige der vielen Namen, die Gundermann treffend beschreiben. Entfernt erinnern die Blätter an Efeu, seine Wuchskraft ist grenzenlos und unvergleichbar das würzige Aroma.

Gundermann ist ein typisches »Un-Kraut«, ein Wildkraut, das den Menschen begleitet, wo immer er Gärten, Parkanlagen oder Hecken anlegt. Aber auch an Waldsäumen, auf nährstoffreichen Wiesen oder im Auenbereich von Bächen wächst Gundermann, auch Gundelrebe genannt.

Gundermann bevorzugt einen halbschattigen Standort mit nährstoffreichem Boden. Hier entwickelt er seine lackglänzenden Blätter, die bis zu sieben Zentimeter Durchmesser erreichen können und sich immer zu zweit gegenüberstehen. Auch auf sonnigen Standorten gedeiht Gundermann. Allerdings sind seine Blätter dann viel kleiner, oft rötlich verfärbt, und in den Achseln der Blätter entwickeln sich viele violette Blüten. Die kleinen Blüten, deren Blütenblätter zu einer Röhre verwachsen sind, werden Lippenblüten genannt. Mit etwas Fantasie lässt sich eine Ober- und Unterlippe erkennen. Die Blüten werden als essbare Dekoration verwendet.

Gundermann treibt aus einer Wurzel lange Sprosse, die sich verzweigen und über den Boden zu kriechen scheinen. Wo immer die Blattknoten mit Erde in Kontakt kommen, treiben sie Würzelchen aus und verankern den Spross.

Wie alle Lippenblütler enthält Gundermann eine Vielzahl von ätherischen Ölen, die, wenn die Blätter zerrieben werden, die unverkennbare »Duftnote Gundermann« ergeben und eine sehr intensive Würzkraft besitzen. Ob in Getränken, Saucen, Desserts und Torten oder mit Schokolade überzogen, das Aroma gibt einem Gericht eine ungewöhnliche Geschmacksnote. Die Blätter können von April bis November, in milden Jahren sogar bis Dezember geerntet werden.

Gundermann enthält neben ätherischen Ölen Gerbstoffe und Bitterstoffe und wenig Saponine. Aufgrund der Gerbstoffe wurde das Kraut zum Heilen von eitrigen Wunden verwendet. Sprachforscher nehmen an, dass der Name Gundermann vom althochdeutschen Wort Gund für Eiter oder Beule abstammt.

BESTIMMUNG DER PFLANZE:

STANDORT: nitratreiche Gebüsche, Wirtschaftswiesen, Gärten

ERNTE: junge Sprosse: März, April; Blätter: April bis November; Blüten: April bis September

BANDNUDELN MIT RÜEBLI UND GUNDERMANN-CROSSIES

MANUELA TREPPENS

FÜR 4 PERSONEN
ZUBEREITUNGSZEIT: 30 MINUTEN

600 g Rüebli (Möhren)
140 g Butter
Garam Masala
Salz und Pfeffer aus der Mühle
2–4 EL Wasser
400 g Bandnudeln
2 Handvoll frische Gundermannspitzen
und -blätter
100 g frisch geriebener Parmesan

1 Die Rüebli schälen. Mit einem Kartoffel- oder Gemüseschäler (wenn diese nicht vorhanden sind, eignet sich auch gut ein Spargelschäler) der Länge nach in 1 Millimeter dicke Streifen schneiden.

2 40 Gramm Butter bei leichter Hitze in einer hohen Pfanne zerlassen. Die Gewürze hinzufügen und kurz anschwitzen. Die Möhrenstreifen unter Rühren dazugeben. Kurz andünsten und mit wenig Wasser ablöschen. Zugedeckt 15 Minuten garen.

3 In der Zwischenzeit die Nudeln in reichlich Salzwasser bissfest garen. In einen Durchschlag schütten und abtropfen lassen.

4 Die restliche Butter bei leichter Hitze zerlassen. Die Hitze höher schalten und den Gundermann unter ständigem Rühren anbraten. Dabei darauf achten, dass die Butter nicht bräunt, aber der Gundermann dennoch kross gerät. Salzen.

5 Die Nudeln mit den Möhren vermengen und auf tiefen Tellern anrichten. Mit den Gundermann-Crossies servieren. Den Parmesan getrennt reichen.

ROCHENFLÜGEL MIT KAPERNVINAIGRETTE

ACHIM SCHWEKENDIEK

FÜR 4 PERSONEN
ZUBEREITUNGSZEIT: 45 MINUTEN

1 ½ rote Paprikaschoten
1 vollreife, süße Tomate
1 EL schwarze Oliven Ardoino
4 EL Olivenöl extra vergine
1 TL Knoblauchwürfel
250 ml Fischfond
100 g Sahne
½ Schalotte
30 g Mettwurst
1 TL gehackte Petersilie
8 Kartoffeln La Ratte
Salz
60 g Butter
Fleur de sel
1 TL gehackte Gundermannblätter
480 g Rochenflügel

Für die Vinaigrette:
1 EL Rotweinessig
Salz
1 EL Fleischbrühe
2 EL Olivenöl
1 TL Kapern

Zum Anrichten:
8 frittierte Gundermannblätter

1 Den Backofen auf 160 °C vorheizen. Die halbe Paprikaschote im heißen Ofen 25 Minuten garen. Anschließend die Haut abziehen und das Fruchtfleisch mit dem Stabmixer pürieren.

2 Die restliche Paprikaschote waschen, Stielansatz und Samen entfernen und das Fruchtfleisch in grobe Würfel schneiden. Die Tomate in Würfel schneiden und die Oliven hacken.

3 1 Esslöffel Olivenöl erhitzen und die Paprikawürfel sowie den Knoblauch glasig anschwitzen. Mit dem Fischfond ablöschen und 5 Minuten köcheln lassen. 50 g Sahne angießen und mit dem Stabmixer fein pürieren. Anschließend durch ein Sieb streichen.

4 Die Schalotte abziehen und in sehr kleine Würfel schneiden. Die Mettwurst ebenfalls in Würfel schneiden. 1 Esslöffel Olivenöl erhitzen und die Schalotten zusammen mit der Wurst anschwitzen. Die Paprikasauce hinzufügen, aufkochen lassen und die Hälfte der Tomaten, der Petersilie und der Oliven dazugeben.

5 Die Kartoffeln schälen und in Salzwasser weich kochen. 2 Kartoffeln würfeln und in etwas Butter anbraten, warm stellen. Die restlichen Kartoffeln mit der restlichen Sahne und der restlichen Butter zu einem Püree verarbeiten und mit Fleur de sel würzen. Die Hälfte des Kartoffelpürees mit dem Gundermann vermengen und die andere Hälfte mit dem Paprikamus. Beide Pürees als Quadrat auf dem Teller aufspritzen.

6 Den Rochenflügel würzen. Das restliche Olivenöl stark erhitzen und den Rochenflügel anbraten. Mit der Paprikasauce in der Mitte des Tellers anrichten. Aus den genannten Zutaten eine Vinaigrette herstellen. Kapern, Tomatenwürfel und Petersilie hinzufügen. Den Rochen mit der Vinaigrette begießen, ebenso die gebratenen Kartoffelwürfel, die auf den Rochen gestreut werden. Mit jeweils 2 Gundermannblättern garnieren.

GEFRORENE GUNDERMANNCREME NACH FÜRST-PÜCKLER-ART

BRIGITTE KLEMME

FÜR 4–6 PERSONEN
ZUBEREITUNGSZEIT: 35 MINUTEN
GEFRIERZEIT: 4 STUNDEN

300 g Sahne
2 Bananen
1 Apfel
4 EL gehackte kleine Gundermannblätter
Abrieb und Saft von
2 unbehandelten Zitronen
Honig

Zum Anrichten:
essbare Blüten

1 Die Sahne steif schlagen.

2 Die Bananen schälen und in Scheiben schneiden. Den Apfel schälen, entkernen und in Stückchen schneiden. Alles zusammen mit 3 Esslöffeln Gundermannblätter und der Zitronenschale mit dem Stabmixer pürieren und den Zitronensaft hinzufügen. Unter die Sahne heben und mit Honig (Menge nach Belieben) abschmecken.

3 Die Masse in eine mit Folie ausgelegte Kastenform füllen und einfrieren. Die restlichen Gundermannblättchen in einer Bechertasse mit Honig bedecken und pürieren.

4 Das Gundermanneis aus der Kastenform nehmen und in Scheiben schneiden. Jeweils 2 Scheiben Eis auf einen Teller geben und mit dem grünen Gundermannhonig dekorieren. Mit frischen essbaren Blüten je nach Jahreszeit bestreuen.

Nahezu so üppig wie der Giersch wächst der Gundermann – besonders an Standorten, wo er sich wohlfühlt. Gundermann ist ein seit Jahrhunderten bekanntes Kraut, das von jeher als Würzmittel für Suppen, Salate und Gemüsegerichte eingesetzt wurde. Auch Zauberkräfte werden dem Gundram – das ist sein alter Name – nachgesagt, so z. B.: Setzt man an Walpurgis einen Kranz aus Gundram auf, erkennt man alle Hexen. Sei's drum.
Gundermann ist vor allem im Verbund mit Milchprodukten eine Köstlichkeit. Allerdings gehört er mit seinem harzigen Geschmack zu den Kräutern, die sparsam verwendet werden sollten.

GUNDERMANNTORTE
MIT GUNDERMANNKONFEKT

BRIGITTE KLEMME

FÜR EINE SPRINGFORM (24 CM Ø)
ZUBEREITUNGSZEIT: 50 MINUTEN
KÜHLZEIT: 2 STUNDEN

Für die Gundermanntorte:
200 g Vollkornzwieback
100 g weiche Butter
300 g Sahne
4 EL gehackte Gundermannblätter
300 g Joghurt
300 g Frischkäse
1 EL Ahornsirup
1–2 EL Zitronensaft
6 Blatt Gelatine
100 ml Milch

Für das Gundermannkonfekt:
100 g Zartbitterkuvertüre
12 kleine Gundermannblätter

1 Den Zwieback zerbröseln und mit der Butter verkneten. Die Springform mit einem Tortenring auslegen und die Zwieback-mischung als Tortenboden hineindrücken.

2 Die Sahne steif schlagen. Die Gundermannblätter in einer kleinen Menge Joghurt mit dem Stabmixer pürieren. Mit dem restlichen Joghurt sowie dem Frischkäse vermengen und unter die Sahne heben. Mit dem Ahornsirup und dem Zitronensaft würzen.

3 Die Gelatine in etwas Wasser quellen lassen, in der warmen Milch auflösen, mit der Frischkäse-Sahne-Masse verrühren und auf den Tortenboden streichen. Die Form für mindestens zwei Stunden in den Kühlschrank stellen.

4 Für das Konfekt in der Zwischenzeit die Kuvertüre bei leichter Hitze schmelzen und anschließend etwas abkühlen lassen. Mit einem Backpinsel die Gundermannblätter von beiden Seiten bestreichen und auf Alufolie im Kühlschrank hart werden lassen.

5 Zum Anrichten die Torte aus der Form heben und mit dem Gundermannkonfekt dekorieren.

51

GUNDERMANNCRÊPES MIT ZITRONENGRAS-GRANITÉ UND VOGELBEERENSALAT

RAIMAR PILZ

FÜR 4 PERSONEN
ZUBEREITUNGSZEIT: 40 MINUTEN
ZIEHZEIT: 2 STUNDEN
GEFRIERZEIT: 3–4 STUNDEN

Für das Zitronengrasgranité:
4 Zitronengrasstängel
1 EL Limettensaft
100 ml Orangensaft
300 ml Wasser
160 g Zucker | Limettenabrieb

Für die Crêpes:
500 ml Milch
200 g Mehl
4 Eier | 2 Eigelbe
20 junge Gundermannblätter
3 EL Butter

Für die Zitronensauce:
50 g Rohrzucker
20 ml Wasser
20 ml Kirschwasser
Abrieb und Saft
einer unbehandelten Zitrone
100 g Sahne

Für den Vogelbeerensalat:
20 eingelegte Vogelbeeren
einige frische Beeren wie Himbeeren,
Johannisbeeren, Heidelbeeren etc.
Minzblätter
Zitronensaft
Puderzucker

1 Für das Granité die Zitronengrasstängel klein schneiden. Alle Zutaten in einem Topf zum Kochen bringen und anschließend 2 Stunden ziehen lassen. Im Mixer pürieren und durch ein Sieb geben. In der Eismaschine gefrieren lassen.

2 Für die Crêpes alle Zutaten in einer Schüssel zu einem flüssigen Teig rühren. Eine halbe Stunde stehen lassen. Die Butter in einer beschichteten Pfanne bei leichter Hitze zerlassen und von dem Teig 8 runde Crêpes goldbraun ausbacken.

3 Für die Zitronensauce den Zucker in einer kleinen Kasserolle karamellisieren lassen und mit Wasser, Kirschwasser und Zitronensaft ablöschen. Den Zitronenabrieb unterrühren und so lange kochen, bis der Karamell vollkommen geschmolzen ist. Die Sahne hinzufügen und mit dem Stabmixer aufschlagen. Durch ein Sieb streichen und abkühlen lassen.

4 Die Zitronensauce leicht erwärmen. Die Crêpes aufrollen und in der Sauce 3 Minuten marinieren. Auf dem Teller anrichten und mit den Vogelbeeren, den frischen Beeren sowie Minzblättern dekorieren. Mit etwas Zitronensaft beträufeln und mit Puderzucker bestäuben. Das Zitronengrasgranité dazu reichen.

SCHWARZER HOLUNDER

[*Sambucus nigra*]

Holler, Holder oder Flieder sind einige der vielen Namen, die den seit alters her durch Märchen und Legenden bekannten kleinen Baum oder Strauch bezeichnen. Seine Blüten und Früchte werden bis heute als Heilkraut verwendet. Gebackene Hollerblüten sind eine geschätzte Delikatesse.

Schwarzer Holunder bevorzugt einen sonnigen Standort auf nährstoffreichem, frischem Boden, ist aber auch schattenverträglich. Er gedeiht am Rand von Hecken sowie am Waldrand und ist häufig in der Nähe von Siedlungen zu finden. Auffallend sind die tellergroßen Blütenstände, die einen eigenwilligen Duft verströmen, der bevorzugt Fliegen und Käfer zur Bestäubung anlockt. Ebenso unverkennbar riechen aufgrund der Gerbstoffe, die sie enthalten, die zerriebenen Blätter, weshalb man sie früher zum Vertreiben von Mücken ausgelegt hat.

Die Zweige enthalten weißes Mark. Aus den frischen Wassertrieben lässt es sich leicht entfernen, und die hohlen Rohre werden von Kindern gern als Blasrohr genutzt. Im September reifen die Früchte, die sich zu Suppen, Marmeladen oder Desserts verwenden lassen. Der Verzehr von rohen, nicht vollreifen Früchten und von Blättern kann Brechreiz hervorrufen und zu Durchfall führen. Diese Wirkung des sekundären Inhaltsstoffes Sambunigrin geht beim Kochen verloren.

Holunder war traditionell ein Baum, der in der Nähe von Bauernhäusern, Stallungen und Scheunen wuchs. Er soll der Sitz der Göttin Freya, auch Holda oder Holle genannt, sein, die das Haus und seine Bewohner vor Schicksalsschlägen bewahrte. Ein Holunderbusch durfte deshalb nicht abgeholzt werden. In der Wildkräuterküche sind die aromatischen Blüten vielseitig zu verwenden – nicht nur für köstliche Hollerküchlein. Sie sind auch die Grundlage für ein delikates Eis und Sorbet, sie aromatisieren Essige und Fleischgerichte und werden mit Honig und Weizenkorn zu einem außergewöhnlichen Likör angesetzt.

In der Volksheilkunde schätzt man die getrockneten Blüten als schweißtreibenden »Fliedertee« gegen Erkältungen und Fieber.

BESTIMMUNG DER PFLANZE:

STANDORT: frischer, nährstoffreicher Boden; an Hecken, Waldrändern, gern in der Nähe von Siedlungen

BLÜTEZEIT: Juni

ERNTE: Blüten: Juni; Früchte: September

HOLUNDERBLÜTENPARFAIT

YOANN HUE

FÜR 4 PERSONEN
ZUBEREITUNGSZEIT: 1 ½ STUNDEN
GEFRIERZEIT: 3–4 STUNDEN

130 ml Wasser
50 g Holunderblüten
65 g Zucker
2 Blatt Gelatine
110 ml Sonnenblumenöl
200 g Schlagsahne
400 g weiße Kuvertüre

Außerdem:
4 Plastikzylinder
(4 cm Ø und 10 cm lang, erhältlich in jedem
Baumarkt; die Zylinder werden dort auf
jede gewünschte Länge zugeschnitten)
4 jeweils 10 cm lange Holzstiele
(Rebstock oder Haselnuss)

1 Das Wasser zum Kochen bringen und die Holunderblüten dazugeben. Zugedeckt 10 Minuten ziehen lassen. Durch ein Haarsieb streichen und sorgfältig auspressen.

2 Den Zucker zu dem Holunder-»Tee« geben und auflösen lassen. Die zuvor in wenig Wasser eingeweichte Gelatine dazugeben und auflösen.

3 Das Sonnenblumenöl nach und nach hinzufügen und mit einem Stabmixer homogenisieren. Abkühlen lassen.

4 Die Sahne steif schlagen und unter die Holundercreme heben. Die Plastikzylinder auf einer Seite mit Klarsichtfolie und Gummi schließen und mit der Holundercreme füllen. Kalt stellen. Anschließend die Holzstiele bis zur Hälfte (5 cm) in die kalte Creme stecken und im Tiefkühlfach oder in der Tiefkühltruhe gefrieren.

5 Das Holunderblütenparfait aus dem Zylinder nehmen und die Hälfte mit weißer Kuvertüre nach Packungsanweisung überziehen.

Anmerkung: Yoann Hue serviert das Holunderblütenparfait mit Orangenkonfitüre mit Waldmeister sowie Erdbeersauce, die er als Dips (siehe Foto) in kleinen Schälchen reicht. Zusätzlich serviert er Kakao-Streuselkrokant, der auf der Basis von Kakao-Streuselteig hergestellt und mit Zucker vermengt wird, und bestreut den Teller mit Orangenpulver sowie leicht geröstetem Hanfsamen und weißem Mohn.

HOLUNDERBEERENCREME

ACHIM SCHWEKENDIEK

FÜR 4 PERSONEN
ZUBEREITUNGSZEIT: 30 MINUTEN

400 g Holunderbeeren
100 ml roter Portwein
100 ml Rotwein
20 cl Crème de Cassis
4 Eigelbe
150 g Zucker
7 Blatt Gelatine
500 g Sahne

1 Die gezupften Holunderbeeren mit dem Portwein, dem Rotwein und dem Cassis ca. 5 Minuten köcheln lassen. Durch ein feines Sieb streichen. Es sollten 500 ml Holundersaft entstehen.

2 Die Eigelbe mit dem Zucker im warmen Wasserbad schaumig schlagen. Die Gelatine in wenig Wasser einweichen, hinzufügen und unter Rühren auflösen.

3 Den Holundersaft angießen und ohne Unterbrechung weiterrühren. Die Sahne steif schlagen und unterheben.

4 In Dessertschalen anrichten.

HOLUNDERBLÜTENFOND

ACHIM SCHWEKENDIEK

ERGIBT 1 LITER
ZUBEREITUNGSZEIT: 10 MINUTEN
ZIEHZEIT: 3–4 STUNDEN

500 ml Weißwein
250 ml Mineralwasser
300 g Holunderblüten
200 g Zucker
Saft von 3 Zitronen
50 g Zitronengras

1 Einen hohen Topf mit Weißwein und Mineralwasser füllen und die übrigen Zutaten hineingeben. Einmal aufkochen lassen.

2 Anschließend vom Herd nehmen. 3 bis 4 Stunden ziehen lassen und durch ein Sieb abgießen.

ECHTES LABKRAUT [*Galium verum*]

Echtes Labkraut wird mit Waldmeister, Wiesenlabkraut und neuerdings sogar mit dem tropischen Kaffeestrauch in der Familie der Kaffeegewächse botanisch vereint. Wissenschaftlich betrachtet haben diese Pflanzen zwar einige übereinstimmende Merkmale, für den Gourmet allerdings ist die Gemeinsamkeit eher der Duft und das Aroma.

Labkräuter sind am auffälligen Arrangement der Blätter zu erkennen. Am Stängel steht etagenweise ein Kranz von Blättchen. Die Blätter des Echten Labkrauts sind sehr schmal, fast nadelförmig. Die zahlreichen, sehr kleinen und dottergelben Blüten mit vier Blütenblättchen sind in dichten Blütenständen angeordnet und verströmen einen intensiven Duft nach Honig und Aprikosen.

Echtes Labkraut wächst in dichten Ansiedlungen auf mageren Sommerwiesen und Mooren von der Ebene bis ins Hochgebirge, meist auf basischen Böden. Häufig blüht in unmittelbarer Nachbarschaft Wiesenlabkraut, das weiße Blüten hat. Beide Arten können sich miteinander kreuzen, sodass die Nachkommen gemäß der mendelschen Erbregel die Eigenschaften der Eltern kombinieren: Sie haben dann hellgelbe Blüten!

In vielen Regionen wird Echtes Labkraut auch heute noch »Maria Bettstroh« genannt. Einer Legende nach hat Maria das getrocknete Kraut in die Wiege des Jesuskindes gelegt. Dies soll einen sehr praktischen Grund gehabt haben: Angeblich fressen Esel kein Labkrautstroh! Bei den Germanen war das Echte Labkraut der Fruchtbarkeitsgöttin Freya gewidmet und wurde traditionell Gebärenden als Bettstroh untergelegt. Viele Geschichten ranken sich um den Namen »Echtes Labkraut«. So soll das Echte Labkraut Milch wie durch Zusatz des Labferments gerinnen lassen. Wissenschaftlich wird allerdings vermutet, dass diese Wirkung auf den Gehalt von Säuren und Gerbstoffen zurückzuführen ist.

Blühendes Echtes Labkraut ist eine interessante Würze für Saucen, Kräuteressige und -öle sowie Sommerbowlen. Ungewöhnlich ist auch ein Gelee, das aus dem blühenden Kraut zubereitet werden kann. Es ist giftgrün und gibt dem Frühstücksbrötchen einen kulinarischen und farblichen Akzent.

BESTIMMUNG DER PFLANZE:

STANDORT: nährstoffarme Wiesen, Wegränder, Böschungen

BLÜTEZEIT: Juli bis August

ERNTE: Juli bis August

LABKRAUTSUPPE »YIN UND YANG«

MARTIN GRIESSER

FÜR 4 PERSONEN
ZUBEREITUNGSZEIT: 1 STUNDE

100 g Kartoffeln
5 Schalotten
3 EL Butter
100 g Labkrautwurzel
200 ml Milch
200 g Sahne
200 ml Gemüsefond
Liebstöckel
Salz und Pfeffer aus der Mühle
frisch geriebene Muskatnuss
60 g Labkrautblüten
50 g frische Morcheln
(ersatzweise getrocknete)

1 Die Kartoffeln waschen, schälen und in Würfel schneiden. Die Schalotten abziehen und in kleine Würfel schneiden.

2 1 Esslöffel Butter bei leichter Hitze zerlassen und knapp die Hälfte der Schalotten glasig anschwitzen. Die Labkrautwurzel und die Hälfte der Kartoffeln hinzufügen. Jeweils die Hälfte der Milch, der Sahne und des Gemüsefonds aufgießen. Mit Liebstöckel, Salz, Pfeffer und Muskat würzen. 30 Minuten köcheln lassen.

3 Anschließend mit dem Stabmixer pürieren und durch ein Sieb streichen. Das Ergebnis ist eine rote Suppe. Warm halten.

4 Für die zweite Suppe sind die Arbeitsschritte 2 bis 3 bis auf die Zugabe der Labkrautwurzel identisch. Etwa 2 Teelöffel Schalottenwürfel für die Morcheln zurückbehalten.

5 Hat die zweite Suppe 30 Minuten geköchelt, 50 Gramm Labkrautblüten hinzufügen und mit dem Stabmixer pürieren. Durch ein Sieb streichen. Das Ergebnis ist eine Suppe, die eine leicht gelbliche Farbe hat.

6 Die Morcheln sorgfältig putzen. Die restliche Butter bei leichter Hitze zerlassen und die restlichen Schalotten glasig anschwitzen. Die Morcheln hinzufügen, mit Salz und Pfeffer würzen und mit den restlichen Labkrautblüten bestreuen.

7 Beim Anrichten darauf achten, dass beide Suppen in der Form des Symbols von Yin und Yang in den Teller gefüllt werden. Mit den Morcheln bestreuen.

DORADE ROYALE MIT LABKRAUTVINAIGRETTE

YOANN HUE

FÜR 4 PERSONEN
ZUBEREITUNGSZEIT: 1 ½ STUNDEN
ZIEHZEITEN: 1 WOCHE FÜR DIE
LABKRAUTVINAIGRETTE;
12 STUNDEN FÜR DIE DORADE

Für die Labkrautvinaigrette:
2 Handvoll Labkrautblüten
200 ml Traubenkernöl
50 ml Hagebuttenessig
Salz

Für die gebeizte Dorade:
350 g Doradenfilets
5 g Gundermannblätter
10 g Salz
10 g Zucker

Für das Schnittlauchöl:
25 g Schnittlauch
50 ml Sonnenblumenöl
Salz

Für die Aprikosenhippe:
100 g getrocknete Aprikosen,
gehackt
4 Eiweiße
30 g Mehl
Schabzigerklee

Zum Anrichten:
Kräuter der Saison
Piment d'Espelette

1 Für die Labkrautvinaigrette die Labkrautblüten in einen kleinen Behälter geben und das Traubenkernöl sowie den Hagebuttenessig darübergießen. Eine Woche ziehen lassen. Anschließend die Vinaigrette durch ein Haarsieb geben und salzen.

2 Die Dorade vorbereiten und filetieren. Die Gräten entfernen. Die Gundermannblätter fein hacken und auf den Filets verteilen. Salz und Zucker vermengen und über die Filets streuen. 12 Stunden ziehen lassen.

3 Anschließend Salz und Zucker sorgfältig abstreifen und die Filets etwa 10 Stunden auf einem Rost trocknen lassen.

4 Den Schnittlauch in feine Röllchen schneiden. Mit Öl und Salz fein pürieren. Das Schnittlauchöl durch ein Haarsieb streichen und nochmals mit Salz abschmecken.

5 Die Aprikosen mit zwei Eiweißen und dem Mehl vermengen. Die restlichen Eiweiße unterrühren und durch ein Haarsieb streichen. Auf einem mit einer Silikonmatte ausgelegten Backblech ausstreichen und mit Schabzigerklee bestreuen. Im Backofen bei 140 °C 7 bis 8 Minuten backen. In Streifen schneiden und noch warm in Metallringe (5 cm Ø) einlegen und erstarren lassen.

6 Zum Anrichten die Kräuter mit Labkrautvinaigrette benetzen. Die Hippe auf dem Teller platzieren. Die Dorade in feine Scheiben schneiden. Mit Piment d'Espelette bestäuben, mit der Vinaigrette beträufeln und in die Hippe legen. Mit den Kräutern bestreuen. Den Tellerrand leicht mit Piment d'Espelette bestreuen.

Anmerkung: Das Foto auf der linken Seite zeigt eindrucksvoll das ganze Können von Yoann Hue. Die Aprikosenhippe in der Mitte bildet die Form für die Doradenstreifen, und der Quinoa als Beilage ist ein reizvoller Kontrast zum edlen Fisch.

GEWÖHNLICHES LEIMKRAUT

[*Silene vulgaris*]

Ein Geheimtipp in der Wildkräuterküche ist das Gewöhnliche Leimkraut, auch Taubenkropfleimkraut oder aufgeblasener Taubenkropf genannt. Auffällig ist der einem kleinen Ballon ähnliche Blütenkelch, unscheinbar sind dagegen die Blätter.

Das anspruchslose Kraut wächst bevorzugt auf trockenem steinigen Boden, ist aber auch an mäßig mit Nährstoffen versorgten Wiesen und Waldrändern in kleineren, lockeren Trupps zu entdecken. Zur Blütezeit weckt Silene durch den wie ein Ballon aussehenden Kelch die Aufmerksamkeit. Später verlieren sich ihre Blätter etwas im allgemeinen Grün des Grases ringsherum.

Bei genauem Hinsehen jedoch fallen die durch eine Wachsschicht graublauen Blätter zwischen dem Grasgrün der Nachbarpflanzen auf. Die unteren Blätter sind wie eine breite Lanzette geformt, die oberen dagegen sind sehr schmal. Besonders die unteren Blätter sind es, die köstlich nach frischen Zuckererbsen schmecken und eine Delikatesse in jedem Salat darstellen. Die weißen Blütenblätter sind in dem bauchigen Kelch versteckt, welcher der Pflanzenart unter anderen den Namen Aufgeblasenes Leimkraut gab. Ein beliebtes Kinderspiel ist, den Kelch zu pflücken, ihn oben zuzuhalten und auf der Hand zu zerdrücken – es knallt wie ein zerplatzender Luftballon.

Der lateinische Name »Silene« spielt auf den bauchigen Kelch an. Silen war der dickbäuchige und immer betrunkene Begleiter von Bacchus, dem Gott des Weines. Der deutsche Name dagegen bezieht sich auf verwandte Arten, die einen klebrigen Stängel haben. Das Gewöhnliche Leimkraut hat allerdings – bedingt durch die Wachsschicht – sehr glatte Stängel und Blätter.

Der überraschend süße Geschmack der Blätter und jungen Sprosse ist eine Rarität unter den Wildgemüsen und entfaltet sich am besten, wenn die Blätter frisch verwendet werden. Aber auch leicht gedünstet sind sie eine Delikatesse. In Norditalien wird Leimkraut gelegentlich angebaut. Die verwandten Arten Rote Lichtnelke (*Silene dioica*) und Weiße Lichtnelke (*Silene alba*) können ebenfalls als Wildgemüse und als essbare Blüten verwendet werden.

BESTIMMUNG DER PFLANZE:

STANDORT: bevorzugt auf trockenen, mäßig nährstoffreichen Böden; auf Trockenrasen, an Wiesen- und Wegrändern

BLÜTEZEIT: Juni bis Juli

ERNTE: Blätter: April bis Mai

ZUCCHINICARPACCIO MIT LEIMKRAUT

MANUELA TREPPENS

FÜR 4 PORTIONEN
ZUBEREITUNGSZEIT: 20 MINUTEN

250 g grüne und gelbe Zucchini
60 g Pinienkerne
Salz
1 EL Zitronensaft
2 EL Olivenöl
Pfeffer aus der Mühle
1 Handvoll Leimkrautspitzen

1 Die Zucchini in sehr feine Scheiben schneiden und auf einer Platte anrichten.

2 Die Pinienkerne ohne Öl in der Pfanne rösten, anschließend salzen. Den Zitronensaft und das Öl verquirlen, über die Zucchinischeiben geben, mit Salz und Pfeffer würzen und mit den Pinienkernen bestreuen.

3 Zum Schluss die gewaschenen und verlesenen Leimkrautspitzen über dem Carpaccio verteilen.

WÄHE MIT LEIMKRAUT UND FETA

MANUELA TREPPENS

FÜR EINE SPRINGFORM (24 CM Ø)
VORBEREITUNGSZEIT: 30 MINUTEN
BACKZEIT: 30–40 MINUTEN

300 g Lauch
2 EL Sonnenblumenöl
450 g TK-Blätterteig
3 Eier
200 g Crème fraîche
Salz und Pfeffer aus der Mühle
frisch geriebene Muskatnuss
100 g Leimkrautspitzen
200 g Feta
1–2 Tomaten

1 Den Lauch der Länge nach halbieren, sorgfältig waschen und in feine Scheiben schneiden. Das Sonnenblumenöl erhitzen und den Lauch bei mittlerer Hitze 10 bis 15 Minuten zugedeckt dünsten. Den Backofen auf 220 °C vorheizen.

2 Die Springform mit Backpapier auskleiden und den Teig so in die Form legen, dass ein Rand von etwa 2 Zentimetern entsteht. Den Teigboden mit einer Gabel mehrmals einstechen.

3 Die Eier mit der Crème fraîche verquirlen und mit Salz, Pfeffer und Muskat würzen. Die Leimkrautspitzen waschen und unterrühren, ebenso den Lauch. Anschließend die Füllung auf dem Teigboden gleichmäßig verteilen. Den Feta grob zerkrümeln und über die Füllung streuen. Die Tomate(n) in Scheiben schneiden und locker darüber verteilen. Im heißen Ofen 30 bis 40 Minuten backen.

LÖWENZAHN

[*Taraxacum officinale*]

Im Mai verwandelt blühender Löwenzahn grüne Wiesen in gelbe Blütenteppiche. Löwenzahn ist eines der häufigsten und bekanntesten Wildgemüse. Löwenzahnsirup, Löwenzahngelee und Löwenzahnwein sind nur einige der Gaumenfreuden, die aus diesem Wildkraut zubereitet werden können.

Löwenzahn ist eine typische Pflanzenart auf intensiv gedüngten Wiesen, wo sie durch ihre Schnellwüchsigkeit andere Wiesenpflanzen wie Margeriten oder Glockenblumen verdrängt. Offensichtlich war Löwenzahn im frühen Mittelalter aufgrund fehlender Stickstoffdüngung nicht weitverbreitet, denn Hildegard von Bingen, die im zwölften Jahrhundert lebte, erwähnt Löwenzahn nicht.

Die gezähnten Blätter, die gelben Blüten und die Pusteblume sind schon Kindern vertraut. Die Blüten werden gerne zu Blumenkränzchen geflochten oder als Puderquaste verwendet. Entgegen der weitverbreiteten Meinung ist Löwenzahn nicht giftig. Die weiße Milch ist extrem bitter und bildet braunschwarze Flecken, wenn sie auf Kleidung tropft. Die Blätter von Löwenzahn werden in fast allen Regionen Europas traditionell als Wildgemüse genutzt und auf sehr unterschiedliche Weise, meist mit Kartoffeln und Speck, aber auch als Salat mit Eiern zubereitet. In England ist Dendelionkaffee aus gerösteten Wurzeln ein bekanntes Getränk.

Löwenzahnblätter enthalten je nach Alter und Lebensbedingungen unterschiedliche Mengen an Bitterstoffen. Alte Blätter sind bitterer als junge, und gebleichte enthalten fast keine Bitterstoffe. Auf dem Land wurde deshalb Löwenzahn im Frühjahr in Maulwurfshaufen gestochen, wo er hellgelb und zart war und als Salat zubereitet werden konnte. Aufgrund der Bitterstoffe werden Löwenzahnblätter und -wurzeln in der Volksheilkunde als Heilkraut zur Förderung der Verdauung verwendet. Bitterstoffe regen über die Geschmacksnerven die Sekretion von Verdauungsenzymen im Magen an, fördern den Gallefluss und die Peristaltik des Darms.

Ein Löwenzahnmagenbitter aus Blüten, Wurzeln und Blättern als Aperitif vor oder als Digestif nach dem Essen ist eine Wohltat für den Magen.

BESTIMMUNG DER PFLANZE:

STANDORT: auf nährstoffreichem Boden, Stickstoffzeiger; auf Wiesen, an Wiesenrändern und auf Brachflächen
BLÜTEZEIT: Mai
ERNTE: Blätter: ab März bis Oktober; Blüten: Mai; Wurzeln: Oktober bis März

KITZ-LÖWENZAHN-RAGOUT

MARTIN GRIESSER

FÜR 4 PERSONEN
ZUBEREITUNGSZEIT: 1 ¼ STUNDEN

1 Schalotte
20 Löwenzahnwurzeln
300 g mageres Kitzfleisch
(vorzugsweise vom Schlegel)
Salz und Pfeffer aus der Mühle
1 EL Butter
etwa 350 ml erstklassiger Rotwein
getrockneter Thymian
250 ml Bratensaft
1 TL Löwenzahnhonig

Zum Anrichten:
Löwenzahnhonig
einige bissfest gekochte Ravioliblätter
Löwenzahnblätter

1 Die Schalotte abziehen und in kleine Würfel schneiden. Die Löwenzahnwurzeln waschen. Die Schale abkratzen und die Wurzeln in 1 Zentimeter große Stücke schneiden.

2 Das Fleisch in Würfel schneiden und mit Salz und Pfeffer würzen. Die Butter zerlassen und die Schalotten glasig anschwitzen. Die Löwenzahnwurzeln hinzufügen und kurz anschwitzen. Das Fleisch zugeben und rundum anbraten. Mit etwas Rotwein ablöschen und einkochen lassen. Kräftig durchrühren. Diesen Vorgang 3- bis 4-mal wiederholen. Den Thymian darüberstreuen und den Bratensaft angießen. 30 bis 40 Minuten köcheln lassen. Mit dem Löwenzahnhonig abschmecken.

3 Das Ragout auf dem am Rand mit etwas Löwenzahnhonig nappierten und mit Ravioliblättern ausgelegten Teller anrichten und mit Löwenzahnblättern dekorieren.

Anmerkung: Martin Grießers üppige Variante sieht zusätzlich zwei schöne Kitzkoteletts (siehe Foto) vor.

LÖWENZAHNHONIG

MARTIN GRIESSER

ERGIBT 8 GLÄSER À 250 G
ZUBEREITUNGSZEIT: 3 ½ STUNDEN
RUHEZEIT: 8–10 STUNDEN

2 unbehandelte Zitronen
1,75 l Wasser
500 g Löwenzahn | 2 kg Zucker

1 Die Zitronen waschen und in Scheiben schneiden. Das Wasser erhitzen. Den Löwenzahn und die Zitronenscheiben zugeben und 30 Minuten kochen lassen. Von der Kochstelle nehmen und über Nacht ziehen lassen. Über einem sauberen Mulltuch abseihen.

2 Den Zucker zum Saft geben. Den Sud 2 bis 3 Stunden köcheln lassen und anschließend in saubere Gläser abfüllen.

WACHTELN MIT LÖWENZAHNBLÄTTERN, DINKEL UND LÖWENZAHNKARAMELL

RAIMAR PILZ

FÜR 4 PERSONEN
ZUBEREITUNGSZEIT: 1 STUNDE
EINLEGEZEIT: 6 STUNDEN

Für die Wachteln:
6 Wachteln (= 3 Filets pro Person)
2 EL Olivenöl
150 g Wurzelgemüse, bestehend
aus je ⅓ Knollensellerie,
Möhre und Lauch
Salz und Pfeffer aus der Mühle

Für den Löwenzahnkaramell:
1 Löwenzahnwurzel
1 EL Olivenöl
50 g dunkler Rohrzucker
1 EL Apfelbalsam
100 ml Wachtelfond

Für das Gemüse:
1 kleine Fenchelknolle
4 junge Artischocken | 2 kleine Zucchini
150 g Dinkel
1 kleine Aubergine
1 Knoblauchzehe
2 EL Olivenöl | 15 g Butter
25 g frisch geriebener Parmesan
Salz und Pfeffer aus der Mühle

Zum Anrichten:
1 EL Oliventapenade
1 EL Tomatenwürfel
15 Löwenzahnblätter und -spitzen
2 Stängel der Wilden Möhre

1 Die Wachtelkeulen und -knochen in der Hälfte des Olivenöls anrösten. Das in kleine Stücke geschnittene Wurzelgemüse dazugeben und etwa 20 Minuten köcheln lassen.

2 Die Löwenzahnwurzel in Stücke schneiden und für 6 Stunden in Wasser einlegen. Die Löwenzahnwurzel abtropfen lassen und im heißen Backofen (140 °C) etwa 30 bis 40 Minuten trocknen. Anschließend in einem Topf kurz in Olivenöl anrösten und mit dem Rohrzucker karamellisieren. Mit dem Apfelbalsam ablöschen. Den Wachtelfond angießen und bei kleiner Hitze reduzieren.

3 Den Backofen auf 160 °C vorheizen. Die Wachtelbrüste mit Salz und Pfeffer würzen und im restlichen Olivenöl anbraten. Im heißen Ofen ca. 3 Minuten garen. Aus dem Ofen nehmen und weitere 5 Minuten abgedeckt an einem warmen Ort ruhen lassen.

4 Den Fenchel in Scheiben hobeln und blanchieren. Die Artischocken enthaaren und von schuppigen Außenblättern befreien, anschließend in kleine Ecken schneiden. Die Zucchini in feine Scheiben hobeln. Den Dinkel in Salzwasser kochen und quellen lassen. Die Aubergine und die abgezogene Knoblauchzehe in Würfel schneiden.

5 Den Dinkel in einen schweren Topf geben und mit Olivenöl, Knoblauch, Butter und Parmesan zu einem Risotto rühren. Die Artischocken anbraten. Fenchel, Zucchini und Auberginen hinzufügen und weich garen. Mit Salz und Pfeffer würzen.

6 Die Wachtelbrüste mit der Tapenade dünn bestreichen und auf dem Teller anrichten. Die Tomatenwürfel und die Löwenzahnblätter hinzufügen und den Dinkelrisotto um die Wachtelbrüste verteilen. Den Löwenzahnkaramell an den Risotto gießen. Darüber das Gemüse verteilen und mit Löwenzahnspitzen und Wilder Möhre garnieren.

ATLANTIK-LOUP-DE-MER MIT LÖWENZAHN

YOANN HUE

FÜR 4 PERSONEN

ZUBEREITUNGSZEIT: 1 ½ STUNDEN

ZIEHZEIT: 2 TAGE

EINWEICHZEIT: 10 STUNDEN

Für das Löwenzahnblütenchutney:

500 g Löwenzahnblüten

200 g japanischer Knöterichstängel

200 g Birnen

200 g Backpflaumen

2 rote Paprikaschoten

250 g Zwiebeln

200 g Rosinen

100 g Ingwer

20 g ganze Korianderkörner

150 ml Weinessig

1 Prise Cayennepfeffer

300 g Zucker

200 ml Apfelsaft, mit

1 TL Speisestärke angedickt

10 g Salz

Für die Safran-Perlgraupen:

250 ml Wasser oder Gemüsebrühe

5 Safranfäden

100 g Perlgraupen

1 kleine Zwiebel

1 Knoblauchzehe

15 g Butter

1 Lorbeerblatt

30 ml Weißwein

Salz | Kurkuma

Fortsetzung Seite 79

1 Für das Löwenzahnblütenchutney die Löwenzahnblüten blanchieren. 250 Gramm ganz belassen, den Rest hacken. Die Knöterichstängel wie Rhabarber schälen.

2 Die Früchte und Gemüse vorbereiten und in gleichmäßig große Würfel (3 x 3 Millimeter) schneiden. Die Löwenzahnblüten und alle anderen Zutaten dazugeben, sorgfältig vermengen und zwei Tage ziehen lassen. Gelegentlich umrühren.

3 Anschließend die Masse in einem weiten Topf unter ständigem Rühren etwa 25 Minuten dickflüssig kochen. Das Chutney kochend heiß in saubere Gläser mit Schraubverschluss füllen, verschließen und 30 Minuten bei 90 °C in einem Dampfofen sterilisieren. Alternativ die Gläser in einen Topf mit Wasser geben. Dabei soll das Wasser 1 Zentimeter über dem Sterilisiergut stehen. Auf diese Weise bleibt das Chutney bis zu zwei Jahre haltbar. Ein bereits geöffnetes Glas im Kühlschrank aufbewahren.

4 Für die Safran-Perlgraupen das Wasser oder die Gemüsebrühe erwärmen. Den Safran dazugeben und über Nacht ziehen lassen.

5 Die Perlgraupen etwa 6 Stunden in lauwarmem Wasser einweichen. Die Zwiebel und die Knoblauchzehe abziehen und in kleine Würfel schneiden. Die Butter bei leichter Hitze zerlassen und die Zwiebeln und den Knoblauch glasig anschwitzen. Das Lorbeerblatt zugeben, mit dem Weißwein ablöschen und etwa 15 Minuten köcheln lassen.

6 Den Backofen auf 180 °C vorheizen. Die Perlgraupen abtropfen lassen und zu dem Sud geben. Den Safranfond angießen, aufkochen lassen und zugedeckt im heißen Ofen etwa 10 Minuten garen. Mit Salz und Kurkuma abschmecken.

Fortsetzung von Seite 76

Für den Löwenzahnkaramell:
50 g Löwenzahnwurzel, getrocknet
50 g Zucker
150 ml Wasser

Für das Löwenzahnpüree:
300 g Löwenzahnblätter
1 EL Honig
1 Prise Salz
frisch geriebene Muskatnuss
50 g Butter

Für die Löwenzahnchips:
4 Löwenzahnblätter
Sonnenblumenöl
Salz

Für den Loup de mer:
4 Loup-de-mer-Filets à 150 g, mit Haut
1 EL Mehl
2 EL Olivenöl

7 Für den Löwenzahnkaramell die Löwenzahnwurzel in einem Topf stark wie Kaffee rösten.

8 Den Zucker hinzufügen und karamellisieren. Mit dem Wasser ablöschen und 30 Minuten ziehen lassen. Durch ein Haarsieb passieren. Anschließend auf die gewünschte Konsistenz reduzieren.

9 Für das Löwenzahnpüree die Löwenzahnblätter waschen, klein schneiden, blanchieren und mit kaltem Wasser abschrecken. Ganz fein, eventuell mit wenig Wasser, pürieren, anschließend durch ein Haarsieb streichen und mit Honig, Salz sowie einer Prise Muskatnuss würzen.

10 In einem Topf erhitzen und mit der Butter in kleinen Stückchen aufmontieren.

11 Für die Löwenzahnchips den Backofen auf 75 °C (Umluft) vorheizen. Die Löwenzahnblätter waschen und abtropfen lassen.

12 Die Blätter auf eine Silikonmatte legen, mit dem Öl bestreichen und salzen. Eine zweite Silikonmatte darauflegen. Im heißen Ofen etwa 30 Minuten trocknen.

13 Die Loup-de-mer-Filets würzen, auf der Hautseite leicht bemehlen und im heißen Olivenöl nur auf der Hautseite etwa 4 Minuten braten.

14 Einen Strich Löwenzahnkaramell auf die Teller ziehen und den Loup de mer danebenlegen. Das warme Löwenzahnpüree, das Chutney und die Perlgraupen dazu anrichten und mit den Löwenzahnchips dekorieren.

MELDE

[Chenopodium album]

Weiße Melde, ein verbreitetes Unkraut im Gemüsegarten, war der Spinat vergangener Jahrhunderte, bevor der echte Spinat wahrscheinlich aus dem persischen Gebiet über Spanien eingeführt wurde. Sogar als Pfeifentabak wurde das verbreitete Kraut genutzt.

Melde ist ein Sammelbegriff für die vielen Meldearten, die sehr schwer voneinander zu unterscheiden sind und alle zu den Gänsefußgewächsen gehören (*Chenopodiaceae*). Charakteristisch sind die Blätter junger Pflanzen, die an die ausgebreiteten Schwimmfüße von Gänsen erinnern. Ein auffälliges Erkennungsmerkmal der Weißen Melde sind die blaugrünen Blätter, die durch Salzausscheidungen der Pflanze mehlig bestäubt sind.

Melden verzweigen sich sehr stark und können bis zu zwei Meter hoch wachsen. Die Blüten bilden zahlreiche grüne Knäuel zwischen kleinen Blättern. Ebenso zahlreich sind die kleinen schwarzen Samen, die in Notzeiten zu Mehl verarbeitet wurden. In der Stein- und Bronzezeit sind die fett- und eiweißreichen Samen wahrscheinlich Bestandteil der täglichen Nahrung gewesen, denn in Pfahlbauten hat man viele zusammengetragene Samen gefunden.

Melde verunkrautete in früheren Jahrhunderten zum Leidwesen der Bauern Hackfruchtkulturen wie Rüben, Zuckerrüben und Kartoffeln. Die heute noch gebräuchlichen volkstümlichen Namen Läusemelde, Saumelde oder Geckenkraut sind Ausdruck der Verärgerung und des Zorns der Menschen. Eine fast vergessene Gartenform der Melde ist die Gartenmelde (*Artriplex hortensis*), ein anspruchsloses und ergiebiges Blattgemüse. Die Erdbeermelde wird heute gelegentlich wieder als Dekoration verwendet; ihre kleinen knallroten Früchte sehen wie Erdbeeren aus. Weiße Melde, die häufig ganze Flächen von Ackerbrachen besiedelt, ist ein schmackhaftes Wildgemüse mit einem milderen Aroma als der verwandte Spinat. Rezepte für Spinat lassen sich auch für Weiße Melde verwenden. Melde enthält neben Thiamin und Vitamin C auch Eisen, Magnesium und Kalium.

BESTIMMUNG DER PFLANZE:

STANDORT: auf lockerem, stickstoffhaltigem Lehm- und Sandboden von Hackfruchtkulturen

BLÜTEZEIT: Juli bis August

ERNTE: Blätter von jungen Pflanzen: Mai bis August

SOMMERSALAT MIT GERÄUCHERTER LACHSFORELLE UND MELDE

JOSEF FEHRENBACH

FÜR 4 PERSONEN
ZUBEREITUNGSZEIT: 40 MINUTEN

50 g Sauerampfer
30 g Giersch
100 g Melde
1 EL Holunderblütenessig
1 EL Olivenöl
Kristallsalz und Pfeffer aus der Mühle
100 g gemischte Sommerbeeren wie
Himbeeren, Johannisbeeren, Brombeeren,
Heidelbeeren
100 g geräucherte Lachsforelle

Zum Anrichten:
blanchierte und in etwas Olivenöl
gebratene Melde

1 Die Kräuter waschen und klein zupfen.

2 Aus dem Essig, dem Öl sowie Salz und Pfeffer eine Vinaigrette herstellen und die Kräuter darin wenden.

3 Die Kräuter auf dem Teller anrichten, mit den Früchten umlegen und die Lachsforelle daneben platzieren.

4 Mit der gebratenen Melde bestreuen.

Im mittelalterlichen Frankreich stand die »Bonne Femme« – so wurde die Melde seinerzeit dort genannt – sehr oft auf dem Speisezettel. Der Geschmack der Blätter ähnelt dem Spinat, ist jedoch kräftiger, nussartig, und die Samen sind dem Sesam nicht unähnlich.
Ein schönes Alltagsrezept für die Melde aus alter Zeit liest sich wie folgt:
Die Meldenblätter in Streifen schneiden, Räucherspeck würfeln, Schalotten und Knoblauchzehen abziehen und in Butter anschwitzen, den Räucherspeck hinzufügen, ebenso die Meldenblätter. Kurz dünsten, etwas Fleischbrühe angießen. Garen, bis die Flüssigkeit eingekocht ist. Einen Schuss Sahne zufügen und eventuell etwas mit Wasser verrührtes Dinkelmehl. Mit Salz, Pfeffer und frisch geriebener Muskatnuss würzen.

KALBSKEULE IM HEU GEGART
MIT ZUCCHINI-MELDEN-GEMÜSE
JOSEF FEHRENBACH

FÜR 4 PERSONEN
ZUBEREITUNGSZEIT: 1 STUNDE

Für die Kalbskeule:
600 g Kalbskeule aus der Oberschale,
küchenfertig
Salz und Pfeffer aus der Mühle
30 ml Olivenöl
100 g Heu

Für das Zucchini-Melden-Gemüse:
400 g Zucchini
100 g Meldenblätter
1 EL Olivenöl
Kristallsalz und Pfeffer
aus der Mühle

1 Den Backofen auf 180 °C vorheizen.

2 Die Kalbskeule mit Salz und Pfeffer einreiben. Das Olivenöl in einem großen Bräter erhitzen und die Kalbskeule bei mittlerer Hitze rundum anbraten, bis das Fleisch eine schöne braune Farbe hat.

3 Das Fleisch aus dem Bräter nehmen und die Hälfte des Heus in den Bräter geben. Die Keule darauflegen und mit dem restlichen Heu bedecken. Zugedeckt im heißen Ofen etwa 45 Minuten garen.

4 Die Zucchini waschen und in Scheiben schneiden. Die Meldenblätter hacken.

5 Das Olivenöl erhitzen und die Zucchini 1 Minute unter Rühren anschwitzen. Die Melde hinzufügen und eine weitere Minute garen. Mit Salz und Pfeffer würzen.

6 Die Kalbskeule in Scheiben schneiden und mit dem Gemüse anrichten.

Anmerkung: Josef Fehrenbach serviert zur Kalbskeule die Brennnesselspätzle von Seite 22.

GEBRATENE ÄPFEL MIT MELDE

JOSEF FEHRENBACH

FÜR 4 PERSONEN
ZUBEREITUNGSZEIT: 15 MINUTEN

4 kleine Äpfel (Cox Orange)
30 g Meldenblätter
40 ml Kürbiskernöl

1 Die Äpfel schälen, entkernen und das Fruchtfleisch in gleich große Spalten schneiden.

2 Die Meldenblätter in Streifen schneiden.

3 Das Kürbiskernöl erhitzen und die Apfelspalten 2 Minuten braten. Die Meldenstreifen hinzufügen und nach Belieben mit Eis, z. B. Brennnesseleis (siehe Rezept auf Seite 22), anrichten.

MELDE-BROT-SOUFFLÉ

MARTIN GRIESSER

FÜR 4 PERSONEN
ZUBEREITUNGSZEIT: 45 MINUTEN
BACKZEIT: 25 MINUTEN

2 EL Butter
150 g Meldenblätter
100 g Knödelbrot
1 Schalotte
100 ml Milch
2 Eigelbe
Salz und Pfeffer aus der Mühle
frisch geriebene Muskatnuss
1 EL gehackte Petersilie
3 Eiweiße

1 Den Backofen auf 160 °C vorheizen. 4 bis 5 Dariol- oder Puddingformen mit 1 Esslöffel Butter ausstreichen. Die Meldenblätter grob zupfen. Das Knödelbrot in eine Schüssel geben.

2 Die Schalotte abziehen und in kleine Würfel schneiden. Die restliche Butter bei leichter Hitze zerlassen und die Schalotten glasig anschwitzen. Die Milch angießen und leicht erwärmen. Eigelb unterrühren.

3 Diese Mischung über das Knödelbrot gießen und mit Salz, Pfeffer und Muskat würzen. Die Petersilie und die Melde hinzufügen und sorgfältig miteinander vermengen. Abkühlen lassen.

4 Eiweiß steif schlagen und unter die Masse heben. Die Dariolformen zu drei Viertel füllen und im Wasserbad im heißen Ofen 25 Minuten backen. Anschließend aus den Formen nehmen und anrichten.

MINZE [*Mentha spec.*]

Die bekannteste Minzeart ist Pfefferminze (*Mentha piperita x*),
deren Urform man in China oder Japan vermutet und die als
Wildpflanze nicht mehr bekannt ist. Pfefferminze wird weltweit kultiviert und liefert das bekannte Pfefferminzöl, das
Menthol enthält.

In Mitteleuropa gibt es etwa acht verschiedene Minzearten, von denen die
bekanntesten Wasserminze (*Mentha aquatica*), Ackerminze (*Mentha arvensis*) und
die unangenehm riechende Rossminze (*Mentha longifolia*) sind. Minzearten sind
im Blattstadium nicht leicht voneinander zu unterscheiden, zur Blütezeit erkennt
man sie an der unterschiedlichen Anordnung der Blüten: Bei Wasserminze stehen
die Blüten dicht gedrängt in endständigen Quirlen, bei der Ackerminze dagegen
zwischen den Blättern. Rossminze fällt durch die silbrig behaarten Blätter und die
langen rutenförmigen Blütenstände auf.

Wuchsform und Standort der Minzearten sind sehr unterschiedlich.
Ackerminze, die niederliegend bis aufsteigend wächst, ist in unmittelbarer Nähe
von Bächen oder Teichen zu finden. Rossminze wächst aufrecht bis zu einen Meter
hoch und steht an feuchten Stellen, und Ackerminze am trockenen Ackerrand, auf
Brachflächen und als Unkraut im Garten.

Obwohl alle Minzearten beim Zerreiben nach Pfefferminz duften, hat
jede Art ihre individuelle Komponente. Sehr unangenehm nach Petroleum riecht
Rossminze, die für Tee nicht geeignet ist. Abgeleitet von der echten Pfefferminze
gibt es zahlreiche Sorten mit sehr unterschiedlichem Pfefferminzaroma. Die Grüne
Minze (*Mentha spicata*) duftet zum Beispiel nach Spearmint-Kaugummi. Pfefferminzöl ist eines der am meisten verwendeten und bekanntesten ätherischen Öle, das
als Geschmacksstoff in Lebensmitteln und Zahnpasta verwendet wird.

Gartenminze und wilde Minzearten geben Getränken, Eis, Brotaufstrichen
und Salaten eine pikante Note, und ein mit frischer Minze angesetzter Tee oder
Likör ist nicht nur für den Magen gut. Die Krönung eines Desserts bilden frische
Minzeblätter, die mit Schokolade bestrichen sind.

BESTIMMUNG DER PFLANZE:

STANDORT: Minze hat sehr unterschiedliche Standorte.
Wichtig ist jedoch, dass der Bereich, wo sie wächst, sonnig ist.
BLÜTEZEIT: Juli bis August
ERNTE: Blätter meist bis zur Blütezeit

ERFRISCHENDE MINZEBOWLE MIT BLÜTENZAUBER

MANUELA TREPPENS

FÜR 8 PORTIONEN
ZUBEREITUNGSZEIT: 25 MINUTEN
KÜHLZEIT: 2 STUNDEN

750 ml Orangensaft
500 ml Wasser
12 frische Minzezweige
2 EL Honig
Saft einer Zitrone und einer Orange,
frisch gepresst
1 l Mineralwasser oder Sekt
1 unbehandelte Zitrone
12 Minzeblätter

Zum Anrichten:
essbare Blüten

1 Mit einem Teil des Orangensafts Eiswürfel herstellen.

2 Das Wasser zum Kochen bringen und die Minzezweige überbrühen. 10 Minuten ziehen lassen. Das Kraut herausnehmen, den Tee mit dem Honig süßen und abkühlen lassen.

3 Nach dem Abkühlen den restlichen Orangensaft sowie die frisch gepressten Säfte der Zitrone und der Orange hinzufügen. Mit Mineralwasser oder Sekt auffüllen.

4 Die unbehandelte Zitrone abwaschen, sorgfältig trocken reiben und mit der Schale in Scheiben schneiden. Die Zitronenscheiben und die Minzeblätter in die Bowle geben. 1 bis 2 Stunden kühl stellen.

5 Mit den Orangeneiswürfeln servieren und nach Geschmack mit essbaren Blüten wie Holunder, Thymian, Kornblume, Indianernessel, Ringelblume, Malve etc. dekorieren.

Minze ist in erster Linie ein Sommerkraut. Sie ist für viele Getränke unverzichtbar und gibt Obstsalaten einen interessanten Geschmack. Zitrusfrüchte und Minze sind eine wunderbare Kombination, ebenso Beeren und Minze. Joghurtdrinks (wie Lassi und Ayran) mit Minze haben eine wohltuend erfrischende Wirkung. Ein köstlicher Sommergenuss: mit dem Pürierstab gemixte Wassermelonenstücke und Minzeblätter! Probieren Sie es aus.

WILDKRÄUTERTARTE MIT MINZE

JOSEF FEHRENBACH

ERGIBT 12 STÜCKE
ZUBEREITUNGSZEIT: 30 MINUTEN
BACKZEIT: 30 MINUTEN

Butter für die Form
200 g Weizenvollkornmehl
2 Eier
100 g Butter
Kristallsalz und Pfeffer aus der Mühle
300 g gemischte Wildkräuter
wie Vogelmiere, Melde,
Giersch und Bärlauch
30 g Minze
100 g Sahne
50 g frisch geriebener Bergkäse

1 Den Backofen auf 220 °C vorheizen. Eine Tarteform mit etwas Butter ausstreichen.

2 Aus Mehl, einem Ei, Butter sowie Salz und Pfeffer einen festen Teig kneten. Den Teig dünn ausrollen und in der Form auslegen.

3 Die Wildkräuter und die Minze hacken und auf den Teig geben.

4 Die Mischung aus Sahne, dem zweiten Ei und Käse darübergeben und im heißen Ofen 30 Minuten backen.

5 Die Tarte aus der Form nehmen, in Stücke schneiden und anrichten.

Minzeblätter und Minzeblüten lassen sich auf vielfältige Art und Weise verwenden. Schon ein frisch gebrühter Tee aus frischer Minze vertreibt den Schlaf aus den Augen, wärmt im Winter und erfrischt im Sommer. Kein anderer Kräutertee hat ein solch intensives Aroma! Er ist ganz einfach herzustellen: 2 bis 3 Minzezweige mit 1 Liter sprudelnd kochendem Wasser übergießen und mindestens 5 Minuten ziehen lassen. Wer will, kann ihm mit Zitrone einen besonderen Touch verleihen. Und wer es etwas süßer mag, gibt etwas Honig dazu. (Und für die Wellnessanhänger sei verraten: Ein Bad aus frischer Minze ist aufgrund der ätherischen Öle der Minzeblätter eine besondere Labsal für Körper und Geist.)

LAMMFILETSPIESS UNTER EINER ALPMINZ-KRUSTE MIT MINZGRANITÉ UND MINZGELEE

MARTIN GRIESSER

FÜR 4 PERSONEN
ZUBEREITUNGSZEIT: 30 MINUTEN
GEFRIERZEIT: 4 STUNDEN

Für das Minzgranité:
250 ml trockener Weißwein
2 Handvoll frische Minze
50 g Zucker
Minzlikör

Für das Minzgelee:
250 ml trockener Weißwein
2 Handvoll frische Minze
50 g Zucker
Minzlikör
4 Blatt Gelatine

Für die Alpminzkruste:
400 g entrindetes Toastbrot
150 g Butter
3 Handvoll Alpminze
Salz und Pfeffer aus der Mühle
2 Eier

Für den Lammfiletspieß:
300 g Lammfilet
Salz und Pfeffer aus der Mühle
2 EL Rapsöl

Zum Anrichten:
Salat aus Wildkräutern

1 Für das Minzgranité alle Zutaten mit dem Stabmixer pürieren. Die Menge des Minzlikörs dabei nach Belieben bemessen. Die Masse auf einer großen flachen Form so dünn wie möglich ausstreichen und einfrieren.

2 Für das Minzgelee alle Zutaten mit dem Stabmixer pürieren. Die Gelatine in wenig Wasser einweichen und anschließend in etwas erwärmtem Minzlikör auflösen. Unter die pürierte Masse geben. In eine Form füllen und kühl stellen.

3 Das Toastbrot fein reiben. Die Butter schaumig schlagen. Die Minze fein hacken und zur Butter geben.

4 Mit Salz und Pfeffer würzen. Die Eier unterrühren.

5 Die Lammfilets von Haut und Sehnen befreien, sanft klopfen und mit Salz und Pfeffer würzen. In kleine Stücke schneiden und auf Schaschliknadeln stecken.

6 Den Backofen auf 160 °C vorheizen. Das Öl erhitzen und die Spieße rundum braten. Kurz ruhen lassen. Mit der Alpminzkruste belegen und im heißen Ofen gratinieren. Den Lammfiletspieß auf einem Salat aus verschiedenen Wildkräutern (siehe Foto) zusammen mit dem Minzgranité und dem Minzgelee anrichten. (Das Rezept für die Vinaigrette für den Salat siehe Seite 49.)

MÖHRENGEMÜSE MIT MINZE

JOSEF FEHRENBACH

FÜR 4 PERSONEN
ZUBEREITUNGSZEIT: 20 MINUTEN

400 g Möhren
30 g Minze
20 g Butter
50 ml Gemüsefond
Salz und Pfeffer aus der Mühle
frisch geriebene Muskatnuss

1 Die Möhren schälen und in gleichmäßig große Stücke schneiden. Die Minze in Streifen schneiden.

2 Die Butter bei leichter Hitze zerlassen und die Möhren andünsten. Mit dem Gemüsefond ablöschen und weitere 3 Minuten schmoren.

3 Mit Salz, Pfeffer und Muskat würzen. Die Minze einstreuen und anrichten.

97

Wenn man die Küchen anderer Länder studiert, so fällt auf, dass gerade die Minze vor allem in der Türkei und in Griechenland sowie in den arabischen Ländern eine große Rolle spielt. Das mag darauf zurückzuführen sein, dass es in diesen Ländern heißer ist als in unseren Breiten und somit gerade die erfrischende Wirkung der Minze geschätzt wird. Ein Allerweltsgericht, das von der Minze förmlich geprägt wird, ist Tabbouleh. Tabbouleh ist ein Gericht aus dem Libanon und besteht aus Bulgur, frischem Gemüse, Petersilie und Minze. Überhaupt ist die Kombination der Minze mit Petersilie oder auch Basilikum ausgesprochen interessant – z. B. auch für eine neue Pestovariante.

HONIG-MINZE-CREME MIT FEIGENMUS

MANUELA TREPPENS

FÜR 4 PERSONEN
ZUBEREITUNGSZEIT: 20 MINUTEN
RUHEZEIT: 2 STUNDEN

80 g getrocknete Feigen
2 EL Honig
½–1 EL heißes Wasser
400 g Naturjoghurt
1 Päckchen Bourbon-Vanillezucker
Zimt
gemahlener Koriander
gemahlener Kardamom
1 ½ TL Zitronensaft
16 Minzeblätter
200 g süße Sahne

1 Die Feigen in grobe Stücke schneiden und in wenig Wasser 10 Minuten einweichen.

2 Den Honig mit dem heißen Wasser cremig rühren und unter den Joghurt ziehen. Den Vanillezucker hinzufügen. Mit je einer Prise Zimt, Koriander, Kardamom und dem Zitronensaft würzen. 8 Minzeblätter sehr klein schneiden und dazugeben.

3 Die Sahne steif schlagen und vorsichtig unter die Creme ziehen. 2 Stunden kühl stellen.

4 Das Einweichwasser der Feigen in ein Gefäß abgießen. Die Feigen mit ½ Teelöffel Zitronensaft pürieren. So viel von dem Feigenwasser dazugeben, dass ein steifes Mus entsteht.

5 Die Honig-Minze-Creme mit dem Feigenmus und jeweils 2 Minzeblättchen in Schälchen geben und anrichten. Zur Dekoration bieten sich Früchte der Saison an.

WILDE MÖHRE

[*Bellis perenni*]

Möhren, Karotten oder gelbe Rüben gelten als besonders frisch, aromatisch und gesund. Vor allem die Sommermöhren sind süß und delikat und schmecken daher besonders kleinen Kindern. Eine der Urformen der Möhre, die Wilde Möhre, ist dagegen nahezu unbekannt. Im Juli und August ziert die weiß blühende Pflanze Straßenränder und Böschungen.

Die Wilde Möhre ist einer der schönsten heimischen Doldenblütler. Die handtellergroßen Blütenstände sind von fein gegliederten Hüllblättern umgeben, die sie wie eine Tortenspitze umrahmen. In England wird die Wilde Möhre deshalb liebevoll »Queen Ann's laces« (Königin Anns Spitzendeckchen) genannt. Kein anderer Doldenblütler hat diese auffälligen Hüllblätter. Unverkennbar ist auch der dunkelviolette Punkt in der Mitte des Blütenstandes. Es ist eine Lockblüte, die durch ihren Duft bestäubende Insekten anlockt. Wenn die zahlreichen kleinen Früchte reifen, schließt sich die Dolde wie zu einem »Vogelnest« zusammen.

Die mehrfach gefiederten, feinen Blätter sind typische Möhrenblätter, wie sie uns von der Gartenmöhre bekannt sind. Im Mai entwickeln sie sich aus einer weißen Pfahlwurzel, und im Juni bildet sich der harte, verzweigte Spross aus, der am Ende die Blütendolden trägt. Im Gegensatz zur Kulturmöhre ist die Wildform zweijährig. Die dünne Speicherwurzel, die wegen fehlender Carotinoide weiß ist, wird im ersten Jahr als Wildgemüse verwendet. Alle Pflanzenteile enthalten ätherische Öle, die für den typischen Duft und den Geschmack der Möhre verantwortlich sind. Mit den Blütenknospen und den noch grünen Früchten lassen sich Essig und Gemüse fein aromatisieren.

Die Möhre, die in frühgeschichtlicher Zeit als Heilpflanze genutzt wurde, ist erst im zehnten Jahrhundert n. Chr. als Kulturpflanze angebaut worden. Die Kulturform ist wahrscheinlich aus einer Kreuzung zwischen der Wilden Möhre (*Daucus carota*) und einer im Mittelmeergebiet heimischen Art (*Daucus maximus*) entstanden. Nur die Kulturformen bilden eine dicke Wurzel aus, die durch den hohen Gehalt an Carotinoiden gelborange gefärbt ist.

BESTIMMUNG DER PFLANZE:

STANDORT: trockenere, aber nährstoffreiche Wegränder, Böschungen, Brachen

BLÜTEZEIT: Juli bis August

ERNTE: Wurzel: Mai; Blütenknospen: Juni bis Juli; Früchte: August

KALBSFILET MIT WILDER MÖHRE UND BITTERORANGEN AUF ARTISCHOCKEN

RAIMAR PILZ

FÜR 2 PERSONEN
ZUBEREITUNGSZEIT: 1 STUNDE

Für das Kalbsfilet:
300 g Kalbsfilet, küchenfertig und
in 2 gleiche Teile geschnitten
Salz und Pfeffer aus der Mühle
Rosmarin
Bergthymian
20 ml Traubenkernöl zum Anbraten
50 ml Traubenkernöl, mit dem
Mark einer Vanilleschote gemischt
Wilde Möhre

Für die Artischocken:
6 kleine Artischocken
Zitronensaft
½ Knoblauchzehe
50 ml Olivenöl
Rosmarin | Bergthymian
grobes Meersalz

Für die Bitterorange:
1 Bitterorange
100 ml Weißwein
20 g Zucker
3 Safranfäden
zerdrückter grober Szechuanpfeffer
Saft einer Limette

Zum Anrichten:
1 EL Butter
Wilde Möhre

1 Die Kalbsfiletstücke mit Salz und Pfeffer sowie Rosmarin und Bergthymian würzen. Das Traubenkernöl erhitzen und das Fleisch bei leichter Hitze auf beiden Seiten anbraten. Mit dem Vanilleöl und der Wilden Möhre in einen Kunststoffbeutel fest einpacken und mit einem Verschlussclip wasserdicht verschließen.

2 Die äußeren Blätter der Artischocken entfernen und den Boden herausheben. Mit Zitronensaft einreiben, um ein Verfärben zu verhindern.

3 Die halbe Knoblauchzehe abziehen und in sehr kleine Würfel schneiden.

4 Das Olivenöl erhitzen und den Knoblauch glasig anschwitzen. Die Artischockenböden hinzufügen und etwa 4 Minuten garen.

5 Die Bitterorange sorgfältig schälen. Die Schale in feine Streifen schneiden und blanchieren.

6 Den Weißwein erhitzen und mit Zucker, Safran und Pfeffer sowie Limettensaft würzen. Die Orangenschale hinzufügen und den Weißwein langsam einkochen lassen.

7 Ein Kochgefäß mit Wasser füllen und auf 80 °C erhitzen. Das Kalbsfilet im Wasser 12 bis 15 Minuten sanft pochieren. Unter Zuhilfenahme eines Thermometers darauf achten, dass die Temperatur während des gesamten Kochvorgangs gleich bleibt.

8 Die Artischocken mit Rosmarin, Thymian und grobem Meersalz würzen und auf dem Teller platzieren. Die Kalbsfilets kurz und rasch in der Butter auf beiden Seiten erhitzen und neben den Artischocken mit Blättern der Wilden Möhre anrichten. Die Orangenschalenstreifen auf dem Fleisch dekorativ anordnen.

TOPINAMBURCREME MIT WILDER MÖHRE
RAIMAR PILZ

FÜR 4 PERSONEN
ZUBEREITUNGSZEIT: 35 MINUTEN

Für die Topinamburcreme:
3 Schalotten
500 g Topinamburwurzeln
2 EL Pflanzenöl
Salz
50 ml weißer Portwein
50 ml Noilly Prat
100 ml Weißwein
300 ml Kalbsfond
200 g Sahne
10 Samen der Wilden Möhre
Saft einer ½ Zitrone
Pfeffer aus der Mühle
100 g Sauerrahm

Für die Möhrenchips:
1 Möhre
1 EL Tempuramehl
1 EL Traubenkernöl

Zum Anrichten:
8 schöne Blätter der Wilden Möhre

1 Die Schalotten abziehen und in kleine Würfel schneiden. Die Topinamburwurzeln in Würfel schneiden.

2 Das Öl erhitzen und die Schalotten glasig anschwitzen. Die Topinamburwurzeln hinzufügen, kräftig durchrühren und salzen.

3 Mit Portwein, Noilly Prat und Weißwein ablösen, etwas einkochen lassen und mit dem Kalbsfond und der Sahne aufgießen.

4 Mit dem Stabmixer fein pürieren und durch ein Sieb geben. Mit den Möhrensamen, Zitronensaft, Salz und Pfeffer würzen. Den Sauerrahm mit dem Stabmixer montieren.

5 Für die Möhrenchips die Möhren schälen und in sehr feine Scheiben hobeln. Mit Tempuramehl bestäuben. Das Traubenkernöl erhitzen und die Möhrenscheiben frittieren.

6 Die Creme auf Desserttellern anrichten und mit den Blättern der Wilden Möhre sowie einigen Möhrenchips dekorieren.

QUENDEL

[Thymus pulegioides]

Der Quendel oder Wilde Thymian wurde als Heil- und Gewürzpflanze bereits im 15. Jahrhundert in Klostergärten angebaut. Somit ist nicht verwunderlich, dass er in alten Garten- und Heilkräuterbüchern und in alten Kräuter-Zaubersprüchen häufig Erwähnung findet. Kulinarisch von Bedeutung ist Thymian vor allem in der mediterranen Küche.

Von Skandinavien bis in die Höhenlagen des Alpengebietes wächst Feldthymian, auch Quendel genannt (*Thymus pulegioides* oder *serpyllum*), der sonnige Standorte an mageren, trockenen Wegrändern, in Steinbrüchen und auf Felsen besiedeln kann. Die Zweige des Feldthymians liegen flach auf dem Boden oder bilden Polster auf Felsen und Steinen. Sie sind trittfest, weshalb sie auch zwischen Rasengittersteinen ausgesät werden. Quendel ist immergrün und hat kleine, ovale Blättchen. Im Juli und August blüht er mit zarten, rosavioletten Blüten, die meist gedrängt am Ende der Stängel stehen. Als hochwertiges Gewürz und Heilkraut wird das blühende Kraut gesammelt.

Die Würze und heilende Wirkung des Echten Thymians (*Thymus vulgaris*) wird gegenüber dem Feldthymian bevorzugt. Er ist ein kleiner Strauch, der in der Garigue des Mittelmeergebietes heimisch ist, wo er häufig große Bestände bildet, da Weidetiere ihn wegen des intensiven Aromas nicht fressen. Der immergrüne Zwergstrauch wird in den nördlicheren Regionen gerne in Garten und Kräuterbeet gepflanzt und während des ganzen Jahres als Gewürz geerntet.

Alle Thymianarten enthalten die ätherischen Öle Thymol und Carvacrol sowie andere, die für den unvergleichlichen Duft, das charakteristische Aroma und die Heilkraft verantwortlich sind. Eine Laune der Natur ist Zitronenthymian. Sowohl der Echte als auch der Feldthymian bilden »Duftrassen«, die rein äußerlich identisch und nur am frischen, an Zitrone erinnernden Duft zu erkennen sind. Zitronenthymian eignet sich als Gewürz für süße Speisen. In der Antike wurde der Duft von Thymian als Rauchopfergabe geschätzt, um die Götter dem Menschen wohlgesonnen zu stimmen. Die Bezeichnung Thymian ist griechischen und lateinischen Ursprungs und bedeutet »rauchen« bzw. »opfern«.

BESTIMMUNG DER PFLANZE:

STANDORT: sonnige Magerrasen, Felsen, Mauern

BLÜTEZEIT: Juli bis August

ERNTE: Blätter: April bis Juni; blühendes Kraut: Juli bis August

WÜRZIGER THYMIAN-ZWIEBEL-BROTAUFSTRICH

MANUELA TREPPENS

FÜR 4 PERSONEN
ZUBEREITUNGSZEIT: 20 MINUTEN
RUHEZEIT: 20 MINUTEN

1 Zwiebel
1 Bund Thymian
1 TL Mandelblättchen
2 EL Distelöl
Salz und Pfeffer aus der Mühle
Nelkenpulver
gemahlener Koriander
gemahlener Kardamom
200 g gemahlene Mandeln
3–4 EL Wasser
2 EL Quark

Zum Anrichten:
einige Thymianzweige

1 Die Zwiebel abziehen und in kleine Würfel schneiden. Den Thymian fein hacken. Die Mandelblättchen in einer Pfanne ohne Öl rundum bräunen.

2 Das Öl erhitzen und die Zwiebeln glasig anschwitzen. Den Thymian hinzufügen.

3 Die Gewürze unter ständigem Wenden dazugeben. Anschließend die gemahlenen Mandeln einrühren. Mit dem Wasser ablöschen.

4 Von der Kochstelle nehmen, den Quark unterheben und noch warm mit einem Stabmixer pürieren. Die Konsistenz des Aufstrichs soll fest und streichfähig sein.

5 Abkühlen lassen und mit Thymianzweigen und den gerösteten Mandelblättchen dekorieren.

Quendel ist die klassische Zutat des »Bouquet garni«, des Kräutersträußchens, das traditionellen französischen Gerichten das würzige Aroma verleiht. In der experimentierfreudigen Wildkräuterküche gibt Quendel aber auch Gelees und Pralinen und manchen Süßspeisen den ganz besonderen Geschmack.

ZIEGENKÄSE MIT HONIG, QUENDEL UND MÜRITZ-LAMMRÜCKEN

ACHIM SCHWEKENDIEK

FÜR 4 PERSONEN
ZUBEREITUNGSZEIT: 3 STUNDEN

100 g Honig
100 ml Holunderblütenfond
(siehe Seite 59)
50 ml Wasser
1,5 g Agar-Agar
1 Bund Quendel
1 Blatt Gelatine
200 g Ziegenkäse
50 g Ziegenquark
2 TL Honig
1 EL Olivenöl
200 g Tomaten
Salz
1 Aubergine
1 Chilischote
1 Limone
1 TL Honig
Kurkuma
6 mittelgroße festkochende Kartoffeln
4 EL Olivenöl
2 EL Tomatenkonfitüre
480 g Lammrücken
Pfeffer aus der Mühle
6 EL Lammjus

Zum Anrichten:
einige Quendelzweige
1 EL Olivenöl

1 Den Honig mit dem Holunderblütenfond, Wasser und dem Agar-Agar aufkochen. Die Hälfte des Quendels fein zupfen und dazugeben. Die Gelatine in kaltem Wasser einweichen, ausdrücken und in dem Sirup auflösen. 3 Millimeter dick auf ein Blech gießen und kalt stellen. Den Rand vom Ziegenkäse abschneiden und den Käse durch ein Sieb streichen. Mit Quark, Honig und Olivenöl glatt rühren.

2 Vom Honiggelee 6 x 5 Zentimeter große Rechtecke schneiden. Die Tomaten hacken und den restlichen Quendel fein zupfen. Die Tomaten und etwas Quendel zu der Ziegenkäsemasse geben. Leicht salzen, auf das Gelee spritzen und einrollen (den Rest Ziegenkäsemasse beiseitestellen). Bei 50 °C warm stellen.

3 Aus der Aubergine 4 Scheiben schneiden und daraus 4 Rechtecke. Diese von beiden Seiten grillen und mit der Chilischote, der ausgepressten Limone, etwas Quendel und Honig sowie einer Prise Kurkuma 10 bis 15 Minuten marinieren. 4 Kartoffeln in je einen Würfel schneiden. Vom Rest der Kartoffeln 8 gleichmäßige Scheiben von etwa 3 bis 4 Millimeter Dicke schneiden.

4 Den Backofen auf 105 °C vorheizen. Die Kartoffeln mit Olivenöl, Salz und dem restlichen Quendel im heißen Ofen 10 Minuten garen. Die 4 Würfel aushöhlen, wie Bratkartoffeln braten, mit der restlichen Käsemasse füllen und mit der Tomatenkonfitüre bedecken. Die Kartoffelscheiben braten.

5 Den Backofen auf 175 °C vorheizen. Den Lammrücken bei großer Hitze rundum anbraten, mit Salz und Pfeffer würzen und 2 bis 3 Minuten im heißen Ofen garen. Die Quendelzweige in dem Olivenöl frittieren. Den Lammrücken in Scheiben schneiden, auf dem Teller mit den Kartoffeln anrichten und mit der Lammjus beträufeln. Die Aubergine und die Ziegenkäserolle daneben platzieren. Die Quendelzweige in die Kartoffeln stecken.

SCHWARZES MOHNEIS AUF THYMIAN-KIRSCHEN-KOMPOTT

YOANN HUE

FÜR 4 PERSONEN
ZUBEREITUNGSZEIT: 1 ½ STUNDEN
GEFRIERZEIT: 30 MINUTEN
RUHEZEIT: 1 STUNDE
BACKZEIT: 30 MINUTEN

Für die Kirschen:
50 g Zucker
50 ml Wasser
1 Bund Feldthymian
200 g entsteinte Sauerkirschen
Puderzucker

Für das schwarze Mohneis:
55 g schwarzer Mohn
30 ml Sonnenblumenöl
100 g Zucker
25 g Glukose
25 g Rohrzucker
350 ml Wasser

Für den weißen Mohnschaum:
30 g weißer Mohn
200 ml Milch
75 g Sahne
40 g Zucker
5 g Milchpulver

Fortsetzung Seite 114

1 Für die Kirschen den Backofen (Umluft) auf 80 °C vorheizen.

2 Den Zucker und das Wasser in einem Topf aufkochen. Den Feldthymian dazugeben und 10 Minuten ziehen lassen. Durch ein Haarsieb streichen.

3 Die Kirschen nach und nach in diesem Sirup pochieren, dann abtropfen lassen. Auf ein mit Backpapier belegtes Blech legen und mit Puderzucker bestreuen. Im heißen Ofen bei leicht geöffneter Tür 1 Stunde trocknen lassen. Den Sirup reduzieren. Wenn die Kirschen getrocknet sind, diese mit dem Sirup überziehen.

4 Für das schwarze Mohneis den Mohn in einem Mörser zerdrücken, anschließend mit dem Öl vermengen, bis eine Paste entsteht.

5 Den Zucker, die Glukose und den Rohrzucker in einem Topf mit einem Teil des Wassers auflösen. Das restliche Wasser und die Mohnpaste dazugeben. Mit einem Stabmixer pürieren und in der Eismaschine 15 bis 30 Minuten gefrieren.

6 Für den weißen Mohnschaum den Mohn im Wok leicht rösten. Anschließend in einen Topf geben, alle übrigen Zutaten hinzufügen und einmal aufkochen. 15 Minuten ziehen lassen. Zum Schluss mit dem Stabmixer pürieren und anschließend durch ein Haarsieb streichen.

112

Fortsetzung von Seite 112

Für das Zitronenmus:
1 unbehandelte Zitrone
125 g Joghurt
15 g Zucker
1 Blatt Gelatine
125 g Schlagsahne

Für die kristallisierten Mohnblüten:
4 Mohnblütenblätter
1 Eiweiß
2 EL Zucker

Für die Streusel:
50 g Butter
40 g Zucker
Salz
1 TL Zitronensaft
100 g Mehl
20 g Haselnussgrieß

Zum Anrichten:
frischer Feldthymian

7 Für das Zitronenmus die Zitrone waschen, trocken reiben und die Schale abreiben. Mit dem Joghurt vermengen.

8 Den Zucker mit einem Teil des Joghurts in einen Topf geben und leicht erwärmen. Die eingeweichte Gelatine dazugeben und auflösen. Zu dem restlichen Joghurt geben. Die Sahne steif schlagen und unterheben.

9 Für die Mohnblüten den Backofen (Umluft) auf 75 °C vorheizen. Die Mohnblüten mit einem Pinsel mit Eiweiß leicht von beiden Seiten bestreichen. Mit Zucker bestreuen und auf eine Silikonmatte legen. Im heißen Ofen bei leicht geöffneter Tür 10 Minuten trocknen lassen.

10 Für die Streusel den Backofen auf 140 °C vorheizen.

11 Die Butter (Zimmertemperatur!), den Zucker, eine Prise Salz und den Zitronensaft miteinander verkneten. Das Mehl und den Haselnussgrieß dazugeben und nochmals kurz kneten; die Masse muss grobkörnig sein.

12 Ein Blech mit Backpapier auslegen und die Masse darauf verstreichen. Im heißen Ofen 30 Minuten hell backen.

13 Zum Anrichten jede einzelne Komponente in breiten Gläsern übereinanderschichten: erst die Streusel, dann das Zitronenmus und die Kirschen, die mit etwas Sirup versetzt werden. Den weißen Mohnschaum erwärmen und mit einem Stabmixer aufschäumen. Diesen Schaum auf die Kirschen geben, anschließend eine Kugel schwarzes Mohneis in der Mitte platzieren. Zum Schluss mit einer kristallisierten Mohnblüte und mit Feldthymian dekorieren.

URIGES STOCKBROT
MIT WILDEM THYMIAN

MANUELA TREPPENS

FÜR 4 PERSONEN
ZUBEREITUNGSZEIT: 15 MINUTEN
RUHEZEIT: 20 MINUTEN
BACKZEIT: 30 MINUTEN

1 Würfel frische Hefe
500 g Vollkornmehl
250 ml lauwarmes Wasser
Zucker
1 TL Salz
1 Bund zarte Thymianzweige

1 Die Hefe in etwas Wasser auflösen. Mehl und Wasser, die Hefe, eine Prise Zucker und das Salz in eine Schüssel geben und zu einem Hefeteig verarbeiten. Anschließend mindestens 20 Minuten gehen lassen.

2 Die Thymianzweige fein hacken. Nach der Ruhezeit den Teig nochmals energisch durchkneten und dabei den Thymian einarbeiten. 3 bis 4 Zentimeter große Teigbällchen formen.

3 Pro Person einen etwa 1 Meter langen, knapp fingerdicken Stock suchen und diesen mit einem Messer säubern. Jeweils ein Teigbällchen auf eine Länge von 15 Zentimeter um den Stock formen und fest andrücken.

4 Anschließend auf dem Grill oder am Lagerfeuer backen. Dabei das Stockbrot unter ständigem Drehen des Stocks in die Nähe der Glut halten, damit es nicht anbrennt. Nach etwa 20 Minuten ist das Brot fertig. Abkühlen lassen – und genießen.

Anmerkung: Falls man ein Lagerfeuer in der freien Natur machen möchte, sind die örtlichen Feuerbestimmungen zu beachten. In jedem Fall sollte das Feuer niemals unbeaufsichtigt bleiben und bei Verlassen sorgfältig gelöscht werden.

SAUERAMPFER

[Rumex acetosa]

Schon kleine Kinder machen ihre allerersten Erfahrungen mit dem Geschmack von Wildkräutern mit Sauerampfer. Feinschmecker dagegen genießen Sauerampfersuppe, deren Rezept aus Frankreich stammt, oder Sauerampfersauce. Für die Frankfurter Grüne Sauce ist Sauerampfer unter den Kräutern, die hierfür verwendet werden, ein Muss.

Sauerampfer ist eine typische Pflanzenart sowohl auf nährstoffreichen wie mageren Wiesen. Benachbart findet man Schafgarbe, Spitzwegerich, Wiesenbärenklau oder andere Ampferarten wie den stumpfblättrigen Ampfer. Dieser hat wesentlich größere Blätter und schmeckt sehr bitter.

Die Blätter von Sauerampfer sind lanzettenförmig und dunkelgrün, an den Blattenden laufen sie zu Zipfeln aus. Im Frühling bilden sie eine Rosette, aus der sich im Mai bis Juni der wedelförmige, meist rötlich gefärbte Blütenstand entwickelt. Wie bei allen Windbestäubern sind die Blüten kaum als solche zu erkennen. Eine botanische Besonderheit ist die »Zweihäusigkeit«: Es gibt männliche Pflanzen, die nur Pollen produzieren, und weibliche, auf denen die Früchte gebildet werden.

Sauerampferblätter werden gelegentlich im zeitigen Frühjahr mit den Blättern des giftigen Aronstabs verwechselt. Obwohl Aronstab eine Wald- und Heckenpflanze ist, gibt es Mischbiotope, wo beide Pflanzenarten vorkommen. Aronstabblätter fühlen sich wie ein Gummilappen an, während Sauerampfer knackige Blätter besitzt. Ein kurzer, gefahrloser Geschmackstest ergibt, dass Aronstab ein scharfes Brennen auf Lippe und Zunge verursacht.

Der Name Sauerampfer bedeutet »sauer-sauer-scharf«, denn nach Marzell ist »ampharo« das althochdeutsche Wort für sauer. »Rumex« dagegen ist ein schon im Altertum verwendeter Wurfspeer, der mit der Form der Blätter vergleichbar ist. Die Blätter enthalten Oxalsäure, die den sauren Geschmack bewirkt, und Calciumoxalat neben Flavonoiden und Vitamin C.

Sauerampfer ist eine köstliche Beigabe zu (Obst-)Salaten. Eine kulinarische Entdeckung sind mit Zartbitterschokolade bestrichene Sauerampferblätter.

BESTIMMUNG DER PFLANZE:

STANDORT: meist auf nährstoffreichen Wiesen von der Ebene bis ins Hochgebirge

BLÜTEZEIT: Mai bis Juni

ERNTE: Blätter: April bis Mai und August bis September

RIESENGARNELEN MIT SAUERAMPFER

YOANN HUE

FÜR 4 PERSONEN
ZUBEREITUNGSZEIT: 1 ½ STUNDEN

Für das Sauerampfergazpacho:
50 g Brennnesselpüree (siehe unten)
25 ml Olivenöl
50 g Sauerampfer | 25 ml Weißweinessig
5 g Baguettebrösel | 5 g Zucker | Salz

Für den Avocado-Mango-Salat:
100 g Avocado | 100 g Mango
1 EL Zitronensaft
1 EL Holunderblütenessig
2 EL Olivenöl | 2 EL Traubenkernöl
Salz und Pfeffer aus der Mühle
20 g Radicchio | 10 g Sauerampfer

Für die Gewürzcracker:
1 Blatt Brickteig | geklärte Butter
Flohsamen | Meersalz

Für den Orangenblütenschaum:
225 ml Milch
40 ml Orangenblütenwasser
50 ml Sonnenblumenöl
25 g Zucker | 5 g Milchpulver

Für die Riesengarnelen:
12 Riesengarnelen
2 EL Öl | Meersalz

Zum Anrichten:
4 ausgelöste Orangenfilets
einige Sauerampferblätter

1 Für das Sauerampfergazpacho alle Zutaten zusammen pürieren, durch ein Haarsieb streichen und mit Zucker und Salz würzen.

2 Die Avocado und die Mango in ½ Zentimeter dicke Würfel schneiden und mit den genannten Zutaten würzen. Den Radicchio waschen und putzen, anschließend fein hacken. Den Sauerampfer ebenfalls fein hacken. Beides mit der Avocado-Mango-Mischung vermengen und nochmals abschmecken.

3 Den Backofen auf 180 °C vorheizen. Für die Gewürzcracker 8 Scheiben von 3 Zentimeter Durchmesser aus dem Brickteig schneiden. Mit der geschmolzenen geklärten Butter bestreichen und mit Flohsamen und Meersalz bestreuen. Im heißen Ofen 10 Minuten backen. Herausnehmen und abkühlen lassen.

4 Für den Orangenblütenschaum alle Zutaten in einen Topf geben und einmal aufkochen lassen. Mit dem Stabmixer homogenisieren.

5 Die Riesengarnelen unter fließendem kaltem Wasser waschen, abtropfen lassen und bis auf die Schwanzflosse aus den Schalen brechen. Den dunklen Darmfaden entfernen. Das Öl erhitzen und die Garnelen rundum 2 bis 3 Minuten braten, zum Schluss salzen.

6 Zum Anrichten 1 Esslöffel Gazpacho auf den Teller ziehen. Den Avocado-Mango-Salat in zwei Etagen mit den Crackern anrichten und die Garnelen danebenlegen. Den Orangenblütenschaum erwärmen, nochmals schäumen und einen Esslöffel darübergeben. Mit den Orangenfilets und Sauerampferblättern garnieren.

Anmerkung: Für das Brennnesselpüree sammelt man junge und zarte Brennnesselblätter. Sie werden gewaschen, blanchiert und unter kaltem Wasser abgeschreckt. Anschließend drückt man sie aus und püriert sie mit einem Stabmixer. Wird das Püree nicht sofort verwendet, friert man es im Eiswürfelbehälter ein.

JOGHURT-WALDBEEREN-TERRINE MIT HERBST-TROMPETEN UND SAUERAMPFEREIS

MARTIN GRIESSER

FÜR 4 PERSONEN
ZUBEREITUNGSZEIT: 1 STUNDE
ZIEHZEIT: 10 STUNDEN
KÜHLZEIT: 3 STUNDEN

Für die Terrine:
100 g Joghurt
75 g Zucker
1 Päckchen Vanillezucker
Mark von ½ Vanilleschote
Abrieb einer ¼ Zitrone
2 EL Cointreau
4 Eigelbe
100 g Sahne
3 Blatt Gelatine
180 g frische gemischte Waldbeeren
100 g Labkrautblüten

Für das Sauerampfereis:
200 ml Milch | 200 g Sahne
150 g Zucker
200 g Joghurt
7 Eigelbe
5 EL gehackte Sauerampferblätter
2 EL gehackte Minze

Für die Herbsttrompeten:
100 g Herbsttrompeten
1 EL Butter | 1 EL Zucker
Cognac
einige Minzeblätter

Zum Anrichten:
einige Labkrautblätter

1 Joghurt, Zucker, Vanillezucker, Vanillemark, Zitronenabrieb sowie 1 bis 2 Teelöffel Cointreau sorgfältig miteinander verrühren und über Nacht ziehen lassen.

2 Die Eigelbe schaumig rühren. Die Sahne steif schlagen. Die Beeren waschen und trocken tupfen. Den restlichen Cointreau leicht erwärmen. Die Gelatine in wenig Wasser einweichen und im Cointreau auflösen. Unter die Joghurtmasse ziehen. Die Eigelbe zufügen und die Sahne sowie die Waldbeeren und die Labkrautblüten unterheben. Die Masse in eine mit Klarsichtfolie ausgelegte Terrinenform füllen und 3 Stunden kühl stellen.

3 Für das Eis Milch, Sahne und Zucker zum Kochen bringen. Den Joghurt mit den Eigelben sorgfältig verrühren. Die heiße Milch-Sahne-Mischung unter ständigem Rühren in die Joghurt-Ei-Masse einlaufen lassen und über dem heißen Wasserbad zur Rose abziehen. Die Creme durch ein Haarsieb streichen und abkühlen lassen. Die Kräuter einrühren. Die Creme in der Eismaschine 15 bis 30 Minuten gefrieren.

4 Die Pilze sorgfältig säubern und klein schneiden. Die Butter bei leichter Hitze heiß werden lassen und die Pilze anschwitzen. Mit dem Zucker bestreuen und karamellisieren lassen. Einen Schuss Cognac hinzufügen und flambieren. Die Minzeblätter in Streifen schneiden und darüberstreuen.

5 Die Terrine aus der Form lösen und in Scheiben schneiden. Jeweils 1 Scheibe auf dem Teller neben den Herbsttrompeten und dem Sauerampfereis platzieren, mit Labkrautblüten garnieren.

Anmerkung: Martin Grießers Luxusvariante dieser Terrine (siehe Foto) wird zusätzlich in einem Baumkuchenmantel hergestellt. Dazu Baumkuchen in feine Streifen schneiden und die Form damit auslegen.

SPITZWEGERICH

[*Plantago lanceolata*]

Spitzwegerich mit seinem angenehm herben Aroma zieht erst langsam in die Wildkräuterküche ein. In der Phytotherapie ist er eines der intensiv untersuchten Heilkräuter mit breit gestreuter Wirkung gegen Bakterien und Viren.

Spitzwegerich ist eine typische Pflanzenart auf sogenannten Fettwiesen, auf denen er saftige, große Blätter entwickelt, die in einer Rosette angeordnet sind. Wesentlich kleiner werden seine Blätter, wenn er auf einer mageren Wiese wächst. Charakteristisch sind seine langen, spitz zulaufenden Blätter, auf deren Unterseite fünf Adern stark hervortreten. Verwandt ist er mit Breitwegerich, der als Trittpflanze auf Wegen und in Rasenflächen wächst, und dem Mittleren Wegerich, einer Zeigerpflanze für mageren, basischen Boden. Die unscheinbaren Blüten, die durch den Wind bestäubt werden, bilden dicht gedrängt ein kegelförmiges Kölbchen. Das noch schwarzbraune Kölbchen ist eine kulinarische Überraschung, denn es schmeckt nach frischen Champignons.

Der lateinische Name »plantago« lässt sich zusammensetzen aus dem lateinischen »planta« für Fußsohle und Pflanze und »agere« für bewegen. In der Tat sind die Wegericharten Pflanzen in Bewegung, denn ihre Früchte haften an Fußsohlen, Reifen oder Tierhufen und werden auf diese Weise weltweit verbreitet.

Spitzwegerich ist eine der ältesten genutzten Heilpflanzen, deren Anwendung sich über Jahrhunderte kaum geändert hat. Schon Dioscurides, der römische Arzt, befürwortet das Auflegen von Spitzwegerichblättern, um Wunden zu heilen. Literarischen Ruhm hat das Kraut durch Shakespeare erlangt: In »Romeo und Julia« empfiehlt Romeo Benvolio, Wegerichblätter auf sein gebrochenes Bein zu legen. Der frisch aus den Blättern ausgedrückte Saft heilt Entzündungen und stillt den Juckreiz von Insektenstichen. Der Tee oder Sirup ist ein bewährtes Hustenmittel und soll das Immunsystem stärken. Für die Wirkung sind neben Flavonoiden, Gerbstoffen und Schleimstoffen das Acteosid und Aucubin verantwortlich.

Fast unbekannt ist die Verwendung von Spitzwegerich als herbe Zugabe zu milden Salaten und Gemüse. Die Blütenkölbchen passen zu Pilzgerichten oder lassen sich als Mixed Pickles einlegen.

BESTIMMUNG DER PFLANZE:

STANDORT: meist auf nährstoffreichen Wiesen und an Wiesenrändern
BLÜTEZEIT: Mai bis Juni
ERNTE: Blätter: April bis Oktober; Blütenkölbchen: Mai und September

SPITZWEGERICHSUPPE

MANUELA TREPPENS

FÜR 4 PERSONEN
ZUBEREITUNGSZEIT: 30 MINUTEN

2 Schalotten
300 g mehlig kochende Kartoffeln
200 g Knollensellerie
2 Äpfel
1 großes Bund (etwa 100 g)
junge Spitzwegerichblätter
1 EL Olivenöl
Kurkuma
gemahlener Koriander
frisch geriebene Muskatnuss
2 EL Weißwein
750 ml Gemüsebrühe
Salz und Pfeffer aus der Mühle
2 EL Sauerrahm
1 EL gerösteter Sesam

1 Die Schalotten abziehen und in kleine Würfel schneiden. Die Kartoffeln schälen und ebenfalls in kleine Würfel schneiden. Den Sellerie schälen und in kleine Stücke schneiden. Die Äpfel schälen, entkernen und das Fruchtfleisch in Würfel schneiden. Die Spitzwegerichblätter klein schneiden.

2 Das Öl erhitzen und die Schalotten glasig anschwitzen. Die Kartoffeln dazugeben und kurz mitdünsten. Mit jeweils einer Prise Kurkuma, Koriander sowie Muskat würzen und gut durchrühren.

3 Die Selleriestückchen und die Äpfel hinzufügen und mit dem Weißwein ablöschen. Die Gemüsebrühe dazugießen und 12 bis 15 Minuten köcheln lassen. Während der letzten 5 Minuten die Spitzwegerichblätter (einige zum Garnieren zurückbehalten) hinzufügen und mitgaren lassen.

4 Die Suppe pürieren, mit Salz und Pfeffer würzen und mit dem Sauerrahm verfeinern. Den Sesam in einem Mörser grob zerkleinern und hinzufügen.

5 Die Suppe auf vorgewärmte Teller verteilen oder in einer Terrine anrichten. Mit den zurückbehaltenen Spitzwegerichblättern bestreuen.

GETRÜFFELTER BRIE MIT RETTICHSALAT UND SPITZWEGERICHKNOSPEN

YOANN HUE

FÜR 4 PERSONEN
ZUBEREITUNGSZEIT: 50 MINUTEN
ZIEHZEIT: 3 TAGE

Für die Spitzwegerichknospen:
50 g Spitzwegerichknospen, mit 1 cm Stiel
schwarz und noch geschlossen geerntet
1 TL feines Meersalz
125 ml Olivenöl

Für das Trüffelöl:
10 g Trüffeln (Tuber Brumale)
Salz
2 EL Sonnenblumenöl

Für den getrüffelten Brie:
200 g Brie
20 g Trüffeln (Tuber Brumale)

Für den Rettichsalat:
200 g weißer Rettich
4 Radieschen
1 EL Weißweinessig
Salz
3 EL Olivenöl
kleine zarte Spitzwegerichblätter
kleine zarte Breitwegerichblätter
8 Scheiben Trüffeln (Tuber Brumale)

1 Die Spitzwegerichknospen mit dem Meersalz vermengen und drei Tage im Kühlschrank ziehen lassen.

2 Einmachgläser damit zur Hälfte füllen. Mit dem Olivenöl bedecken, verschließen und 15 Minuten bei 80 °C in einem Dampfofen sterilisieren. Alternativ die Gläser in einen Topf mit Wasser geben und im Backofen bei 80 °C ebenfalls 15 Minuten sterilisieren. Dabei soll das Wasser 1 Zentimeter über dem Sterilisiergut stehen.

3 Die Trüffeln fein hacken und salzen. Das Öl dazugeben und mit einem Stabmixer pürieren.

4 Den Brie ein- bis zweimal quer durchschneiden. Die Trüffeln in feine Scheiben schneiden, auf einer Hälfte oder auf zwei Scheiben des Bries schön verteilen und den Brie wieder zusammenfügen.

5 Für den Rettichsalat den Rettich schälen, dann der Länge nach in feine Scheiben schneiden. Die Rettichscheiben der Länge nach halbieren.

6 Die Radieschen waschen und das Grün bis auf 1 Zentimeter abschneiden. Die Radieschen halbieren oder vierteln, dann 1 Minute blanchieren und unter kaltem Wasser abschrecken.

7 Aus Essig, Salz und Olivenöl eine Vinaigrette herstellen.

8 Zum Anrichten den Brie in Scheiben schneiden und auf dem Teller platzieren. Den Rettich und die Radieschen mit Salz und der Vinaigrette würzen und großzügig daneben anrichten. Die Wegerichblätter und die Trüffelscheiben dekorativ darauflegen. Mit jeweils 1 Esslöffel Trüffelöl und 3 Spitzwegerichknospen garnieren.

VOGELMIERE

[*Stellaria media*]

Vogelmiere ist eine der ältesten bekannten Pflanzen, die von Menschen vielseitig genutzt wurde. Ihr Ursprung ist nahezu unbekannt. Man vermutet, dass die Pflanze in der Jungsteinzeit in Mitteleuropa einwanderte und den Lebensraum in der Nähe von Menschen besiedelte.

Vogelmiere, häufig auch Hühnerdarm genannt, wächst bevorzugt in mit Kompost versorgten Gemüsegärten und auf Weideplätzen. Typisch ist ihre Wuchsform: Aus einer zentralen Wurzel breiten sich die Stängel tellerförmig über- und untereinander in alle Richtungen aus und liegen flach auf dem Boden. Auf diese Weise bleibt die Erde an dieser Stelle feucht und die Pflanze auch an warmen Sommertagen frisch und knackig – ein Vorteil, wenn sie als Wildgemüse verwendet werden soll.

Die zu den Nelkengewächsen gehörende Miere hat eiförmige, kleine gegenständige Blättchen und kleine weiße Blüten mit fünf tief eingeschnittenen Blütenblättern. Die Vogelmiere ist zwar eine einjährige Pflanze, allerdings scheint sie aufgrund ihrer Wüchsigkeit immer da zu sein, sodass man sie selbst im Winter – gelegentlich auch unter einer dünnen Schneedecke – finden kann.

Die üppig wachsende und zu jeder Jahreszeit blühende Pflanze kann vom Frühling bis zum November geerntet werden und wird nach Entfernen der Würzelchen als Ganzes verwendet. Sie wurde seit alters her als Gemüse und Heilkraut, aber auch als Hühner- und Ziervogelfutter verwendet.

Vogelmiere hat ein etwas erdiges Aroma mit einem ausgeprägten Geschmack nach jungen Maiskolben. Sie ist ein typisches »Un-Kraut« und wie alle Pflanzen, die den gleichen Lebensraum wie landwirtschaftliche Nutzpflanzen beanspruchen, weltweit verbreitet. Es ist daher nicht ungewöhnlich, in den gemäßigten Klimazonen der USA einen »Chickweed Salad« serviert zu bekommen.

Vogelmiere enthält für die menschliche Ernährung wertvolle Mineralstoffe und Vitamine (Provitamin A, Vitamin C). So lässt sich der Tagesbedarf an Eisen, Kalium und Vitamin C mit 150 Gramm Vogelmiere decken. Darüber hinaus enthält Vogelmiere Saponine, denen eine schleimlösende Wirkung nachgesagt wird. Das getrocknete Kraut wird deshalb in der Volksheilkunde als Hustentee verwendet.

BESTIMMUNG DER PFLANZE:

STANDORT: nährstoffreiche Böden; Gärten, Unkrautbestände

BLÜTEZEIT: das ganze Jahr über

ERNTE: April bis November

VOGELMIERESPINAT MIT SOMMERTRÜFFELN UND WACHTELEIERN IN VERVEINEJUS

RAIMAR PILZ

FÜR 4 PERSONEN
ZUBEREITUNGSZEIT: 45 MINUTEN

Für das Gemüse:
1 Schalotte
1 Knoblauchzehe
200 g junge Spinatblätter
200 g Vogelmiereblätter, ohne Strunk
20 g Butter
Salz und Pfeffer aus der Mühle

Für die Wachteleier:
2 l Wasser
50 ml weißer Essig, max. 15 % Säure
20 g Salz
12 Wachteleier

Für die Jus:
50 ml dunkle Kalbsjus
etwa 10 Zitronenverveineblätter
10 g kalte Butter

Zum Anrichten:
20 g Sommertrüffeln
einige Vogelmiere- und
Zitronenverveineblüten

1 Die Schalotte und die Knoblauchzehe abziehen und in sehr kleine Würfel schneiden. Den Spinat und die Vogelmiereblätter sorgfältig waschen und abtropfen lassen.

2 Die Butter bei leichter Hitze in einem größeren Topf zerlassen und die Schalotten sowie den Knoblauch glasig anschwitzen. Den Spinat und die Vogelmiereblätter hinzufügen und zusammenfallen lassen. Mit Salz und Pfeffer würzen.

3 Das Wasser erwärmen und bei 80 °C halten. Den Essig und das Salz dazugeben.

4 Die Eier vorsichtig aufbrechen, ohne das Eigelb zu verletzen, und in das Essigwasser gleiten lassen. Etwa 2 Minuten pochieren, bis das Ei wachsweich ist.

5 Die Jus erhitzen. Die Verveineblätter dazugeben und 5 Minuten ziehen lassen.

6 In der Zwischenzeit die Butter in kleine Stückchen schneiden. Die Verveineblätter herausnehmen und die Jus mit der Butter aufmontieren.

7 Den Vogelmierespinat kreisrund auf einen Teller geben, die Wachteleier rundherum verteilen und mit den Trüffeln überhobeln. Die Jus um den Spinat ziehen und mit Vogelmiere- und Zitronenverveineblüten dekorieren.

SALAT VON VOGELMIERE, KARTOFFELN UND MAKRELE

ACHIM SCHWEKENDIEK

FÜR 4 PERSONEN
ZUBEREITUNGSZEIT: 1 STUNDE

200 ml Geflügelbrühe
2 Bund Vogelmiere
1,5 g Agar-Agar
50 g Sahne
1 Blatt Gelatine
Salz und Pfeffer aus der Mühle
10 Kartoffeln La Ratte
2 EL Rotweinessig
170 ml Olivenöl extra vergine
4 Scheiben Weißbrot
4 Knoblauchzehen
8 EL Tomatenkonfitüre
2 Makrelen
1 EL Rotweinessig
1 EL Fleischbrühe
Salz
12 Schalotten
1 EL Butter
20 g Risottoreis
2 EL Geflügelbrühe
1 EL weißer Aceto balsamico

1 Die Geflügelbrühe erhitzen. Die Vogelmiere grob zupfen. Die Hälfte zur Geflügelbrühe hinzufügen und 8 Minuten kochen. Mit dem Stabmixer pürieren. Agar-Agar und die Sahne hinzufügen und aufkochen lassen. Die Gelatine in wenig Wasser einweichen und in der gekochten Flüssigkeit auflösen. Mit Salz und Pfeffer würzen. 2 Zentimeter hoch in eine kleine Form einfüllen und kühl stellen.

2 Die Kartoffeln waschen, weich kochen und schälen. In gleich dicke Scheiben schneiden und mit dem Essig und 2 Esslöffeln Olivenöl 5 bis 10 Minuten marinieren.

3 Aus den Weißbrotscheiben 4 Rechtecke schneiden. Die Knoblauchzehen abziehen. 5 Esslöffel Olivenöl erhitzen und das Brot zusammen mit einer ganzen Knoblauchzehe knusprig braten.

4 Die Makrelen filetieren und in längliche Streifen schneiden. Aus dem Rotweinessig, der Fleischbrühe und 2 Esslöffeln Öl eine Vinaigrette herstellen, salzen. 1 Esslöffel Olivenöl erhitzen und die Filets auf der Hautseite anbraten. Die Makrelen auf dem Röstbrot verteilen und warm halten. Jeweils zwei Streifen zurückbehalten und später auf die Kartoffelscheiben legen.

5 Die Schalotten abziehen und in Würfel schneiden. Die restlichen Knoblauchzehen ebenfalls in Würfel schneiden. Die Butter zerlassen und die Schalotten sowie den Knoblauch glasig anschwitzen. Den Reis hinzufügen und die Brühe nach und nach angießen. Köcheln lassen, bis der Reis weich ist. Mit dem Stabmixer pürieren und mit dem Aceto balsamico und Salz würzen.

6 Zum Anrichten das Zwiebelpüree und die Tomatenkonfitüre auf den Teller geben. Abwechselnd das Röstbrot mit der Tomatenkonfitüre und dem Zwiebelpüree bestreichen und zum Schluss die Makrelen darüberlegen. Makrelen als Streifen auf die daneben angeordneten Kartoffeln legen. Mit der restlichen Vogelmiere dekorieren.

FREILAND-PERLHUHN MIT ENTEN-FOIE-GRAS, ZUCKERMAIS UND VOGELMIERE

YOANN HUE

FÜR 4 PERSONEN
ZUBEREITUNGSZEIT: 1 STUNDE

Für die Vogelmieresauce:
250 g Vogelmiere
25 ml Olivenöl
125 ml Wasser
Salz | Zucker

Für die Perlhuhnjus:
1 Zwiebel
1 Möhre | ¼ Stange Lauch
1 Perlhuhnkarkasse
250 ml Vin jaune
750 ml Geflügelfond
500 ml Wasser
1 Lorbeerblatt
1 Bund Feldthymian
2 Nelken
1 EL Maisstärke
Salz und Pfeffer aus der Mühle
20 g kalte Butter

Für die Perlhuhnbrüste:
4 Perlhuhnbrüste à 120 g
12 blanchierte Mini-Maiskolben
100 g Maiskörner
1 EL Butter
4 Entenstopflebern à 50 g
Salz und Pfeffer aus der Mühle
1 EL Mehl

Zum Anrichten:
Vogelmierespitzen

1 Die Vogelmiere fein hacken. Das Olivenöl auf kleiner Flamme erhitzen und die Vogelmiere anschwitzen. Mit dem Wasser ablöschen und mit je einer Prise Salz und Zucker würzen. Mit dem Stabmixer pürieren und anschließend durch ein Haarsieb streichen. Nochmals abschmecken.

2 Die Zwiebel abziehen und in kleine Würfel schneiden. Die Möhre schälen und grob würfeln. Den Lauch waschen, putzen und in Stücke schneiden. Die Zwiebeln, die Möhre, den Lauch und die Perlhuhnkarkasse anrösten. Mit Vin jaune, Geflügelfond und Wasser ablöschen. Das Lorbeerblatt, den Feldthymian sowie die Nelken dazugeben und 1 Stunde köcheln lassen.

3 Die Bouillon durch ein Haarsieb passieren und mit der Maisstärke binden.

4 Den Backofen auf 200 °C vorheizen. Etwa 30 Minuten vor dem Anrichten die Perlhuhnbrüste auf der Hautseite 2 Minuten braten. Im heißen Ofen ca. 4 Minuten garen. Anschließend zugedeckt warm stellen.

5 Die Perlhuhnjus mit Vin jaune sowie Salz und Pfeffer abschmecken und mit Stückchen von der kalten Butter aufmontieren. Die Mini-Maiskolben und die Maiskörner in etwas Butter andünsten.

6 Die Entenstopflebern mit Salz und Pfeffer würzen und im Mehl wenden. Überschüssiges Mehl abklopfen und die Stopflebern in einer heißen Pfanne von jeder Seite einige Sekunden braten. Im heißen Ofen einige Minuten weitergaren.

7 Die Vogelmieresauce und die Perlhuhnjus auf den Teller ziehen. Mit dem Mini-Mais, den Maiskörnern und der Stopfleber garnieren. Die Perlhuhnbrüste in Scheiben schneiden und auf die Stopfleber legen. Mit Vogelmierespitzen dekorieren.

WALDMEISTER

[*Asperula odorata (Galium odoratum)*]

Waldmeister erlangte Berühmtheit durch die Maibowle und den giftgrünen Wackelpeter. Schon Fontane beschreibt in der Novelle »Schach von Wuthenow« ein genaues Rezept für die beliebte Waldmeisterbowle.

Waldmeister ist ein typisches Frühlingskraut in krautreichen Buchenwäldern. In seiner Nachbarschaft sind Buschwindröschen und Echtes Lungenkraut zu finden. Waldmeister bedeckt meist größere Flächen des Waldbodens, denn er dehnt sich durch unterirdische Ausläufer aus. Die Blätter sind quirlig am Stängel angeordnet und stehen etagenweise übereinander – ein charakteristisches Merkmal von Labkräutern wie dem Echten Labkraut. Er wird deshalb auch duftendes Labkraut genannt. Ende Mai, wenn das Laub der Bäume nur noch wenig Licht durchscheinen lässt, blüht Waldmeister, und im Juni trägt er kleine hakige Früchte.

Waldmeisterblätter enthalten eine biochemische Vorstufe des Cumarin, das für Duft und Aroma verantwortlich ist. Erst durch Zerstören des Pflanzengewebes wird durch eine enzymatische Reaktion das Cumarin freigesetzt. Eine Waldmeisterbowle wird erst dann aromatisch, wenn man das Kraut kräftig zerdrückt, bevor es in Wein eingelegt wird. Ein ähnliches Ergebnis erzielt man, allerdings langsamer, wenn man die Blätter anwelken lässt.

Cumarin in hoher Konzentration erzeugt Kopfschmerzen, die meist durch den Alkohol- und Zuckergehalt der Bowle verstärkt werden. Ob blühend oder nicht blühend gesammelt, hat keinen Einfluss auf die Menge des entstehenden Cumarins. Cumarin ist ein sehr einfaches chemisches Molekül, das leicht synthetisch herzustellen ist. Gekaufter Wackelpeter und fertige Waldmeisterbowle enthalten das »naturidentische« Produkt und grüne Lebensmittelfarbe und keinen Waldmeister. Wackelpeter lässt sich einfach mit frischem Waldmeister zubereiten, die grüne Farbe (Chlorophyll) kann allerdings nicht erhalten bleiben.

Das synthetische wie das natürliche Cumarin setzen die Gerinnbarkeit des Blutes herab. Diese Eigenschaft wird medizinisch genutzt.

BESTIMMUNG DER PFLANZE:

STANDORT: meist auf basischem Boden; krautreiche Buchenwälder
BLÜTEZEIT: Ende Mai
ERNTE: April bis Mai

SAHNEQUARKCREME MIT WALDMEISTEREIS

ACHIM SCHWEKENDIEK

FÜR 4 PERSONEN
ZUBEREITUNGSZEIT: 1 STUNDE
ZIEHZEIT: 1 TAG
GEFRIERZEIT: 45 MINUTEN
BACKZEIT: 15 MINUTEN

Für das Waldmeistereis:
400 ml Riesling
360 g Zucker
Zitronensaft
30 g Waldmeister
375 g Sahne | 400 g Vollmilchjoghurt

Für die Sahnequarkcreme:
200 g Quark | 50 g Ziegenquark
50 g Sahne | 4 Eigelbe
140 g Zucker | 7 Blatt Gelatine
600 g Sahne

Für den Boden:
90 g Butter
300 g Muscovado- oder
dunkler Rohrzucker
6 Eiweiße | 100 g Mehl
50 g dunkle Kuvertüre

Für die Waldmeisterwürfel:
3 Blatt Gelatine
200 ml Riesling
2 EL Zucker | 5 g Waldmeister

Zum Anrichten:
6 Erdbeeren | Erdbeerpüree
Waldmeister

1 Den Riesling mit dem Zucker sowie einem Spritzer Zitronensaft aufkochen lassen, den Waldmeister hinzufügen und einen Tag ziehen lassen.

2 Danach sehr fein mit dem Stabmixer pürieren oder durch ein feines Sieb streichen. Die Sahne und den Joghurt dazugeben und in der Eismaschine 45 Minuten gefrieren.

3 Den Quark mit dem Ziegenquark und der Sahne aufmontieren.

4 Die Eigelbe mit dem Zucker und der Ziegenquarkcreme im Wasserbad (etwa 70 °C) aufschlagen, bis die Eigelbe anfangen zu binden.

5 Die Gelatine in wenig kaltem Wasser einweichen, ausdrücken und in der noch heißen Masse auflösen. Die Masse nun auf Eis kalt rühren. Die Sahne steif schlagen und unterheben.

6 Den Backofen auf 185 °C vorheizen. Die Butter und den Muscovadozucker schaumig rühren. Dann das Eiweiß hinzufügen und das Mehl unterrühren. Die Masse auf einer Silpat- oder Silikonmatte dünn aufstreichen und im heißen Ofen 10 bis 15 Minuten backen. Anschließend abkühlen lassen und in Rechtecke von 6 x 12 Zentimeter schneiden. Mit einer Spritztüte die geschmolzene Kuvertüre auftragen.

7 Die Gelatine in wenig Wasser einweichen. Den Riesling mit dem Zucker und dem Waldmeister zum Kochen bringen und 15 Minuten ziehen lassen. Die Gelatine ausdrücken, zugeben und die Flüssigkeit 5 Millimeter hoch in ein Gefäß gießen. Abkühlen lassen und anschließend in Würfel schneiden. Zusammen mit dem Waldmeistereis auf dem Teller platzieren. Mit Erdbeerscheiben und -stückchen sowie Erdbeerpüree und Waldmeister garnieren.

TOPFENCREME MIT WALDMEISTER

MARTIN GRIESSER

FÜR 4 PERSONEN
ZUBEREITUNGSZEIT: 15 MINUTEN

2 EL Topfen (Quark)
2 Eier
50 g Zucker
1 EL Weinbrand
Abrieb einer unbehandelten Zitrone
1 Handvoll Waldmeister

1 Den Topfen mit den verquirlten Eiern und dem Zucker sorgfältig vermengen. Den Weinbrand und den Zitronenabrieb hinzufügen.

2 Den Waldmeister fein hacken und unterrühren. In einer Servierschüssel anrichten.

WALDMEISTERSORBET

MARTIN GRIESSER

FÜR 4 PERSONEN
ZUBEREITUNGSZEIT: 30 MINUTEN
GEFRIERZEIT: 3–4 STUNDEN

50 g Waldmeister
1 kleiner Zitronenmelissenzweig
½ Orange
250 ml Weißwein
150 g Puderzucker
Saft einer Zitrone

1 Den Waldmeister und die Zitronenmelisse klein zupfen. Die Orange schälen und die Filets auslösen.

2 Alle Zutaten sorgfältig miteinander vermengen und zudecken. Bei Zimmertemperatur ruhen lassen. Anschließend durch ein Passiertuch geben und in der Eismaschine 3 bis 4 Stunden gefrieren.

3 Zum Anrichten jeweils 2 Kugeln auf dem Teller platzieren und mit einem Waldmeisterzweig dekorieren.

WIESENBÄRENKLAU

[*Heracleum sphondyleum*]

Wiesenbärenklau überzieht im Juni nährstoffreiche Wiesen und Wegränder mit seinen weißen Doldenblüten. Die Blätter sind ein ergiebiges Wildgemüse, das vom Frühjahr bis in den Spätherbst geerntet werden kann.

Im Frühling entwickeln sich die grob gelappten Blätter des Wiesenbärenklaus. Sie sind im Gegensatz zum Stängel, der rau und kantig ist, kurz und weich behaart. Ende Mai schiebt der Stängel nach oben, und aus auffälligen Blatttüten entwickeln sich die kleineren Stängelblätter und Blütenstände. Die in den Tüten verborgenen Blüten erinnern an kleine Brokkoliröschen, die gedünstet auch so ähnlich schmecken. Die zarten Blatttüten können frisch zum Beispiel mit Kräuterricotta gefüllt werden. Im Juni entfalten sich die Dolden zu attraktiven tellergroßen, unangenehm duftenden Blütenständen. Viele Insekten werden von diesem Geruch angelockt und bestäuben dabei die Blüten.

Die flach abgeplatteten Früchtchen haben einen hautigen Rand und duften beim Zerreiben nach bitteren Orangen. Sie können in kleiner Menge zum Würzen von Likören, Kuchen und Desserts verwendet werden. Wiesenbärenklau enthält wertvolle sekundäre Inhaltsstoffe und Mineralstoffe wie zum Beispiel ätherische Öle, Vitamin C, Provitamin A, Magnesium, Eisen, Calcium und Kalium. Wie alle Doldengewächse enthält auch Wiesenbärenklau Furanocumarine, welche die Haut lichtsensibel machen können und bei empfindlichen Personen in der Sonne Blasen und Pigmentflecken, die Wiesendermatitis, hervorrufen. Beim Sammeln werden die Blätter direkt in einen Korb gelegt, um eventuellen Lichtschäden vorzubeugen.

Eine aus dem östlichen Europa eingebürgerte Verwandte ist die Herkulesstaude (Riesenbärenklau; *Heracleum mantegazzanum*), deren Furanocumarine die Haut extrem lichtempfindlich machen und zu schmerzhaften Brandblasen führen. Die Herkulesstaude ist eine ungewöhnlich riesige Pflanze mit sehr großen Blättern, die mit dem Wiesenbärenklau nicht verwechselt werden kann.

BESTIMMUNG DER PFLANZE:

STANDORT: Wiesen und Wegränder

BLÜTEZEIT: Mai bis Juli

ERNTE: Blätter und Blattstängel: April bis Mai;

Blütenknospen: Mai bis Juni; Früchte: Juli

WIESENBÄRENKLAU-ARVIULS

RAIMAR PILZ

FÜR 4 PERSONEN
ZUBEREITUNGSZEIT: 1 STUNDE
RUHEZEIT: 2 STUNDEN

Für die Arviuls:
500 g Mehl
1 EL Salz
5 Eier
5 EL Olivenöl
500 g mehlig kochende Kartoffeln,
am Vortag halb gar gekocht
1 Schalotte
30 g geräucherter Bauchspeck
Sprossen und junge Triebe vom
Wiesenbärenklau, klein geschnitten
Salz und Pfeffer aus der Mühle

Für das Wildkräuterpistou:
Wiesenkerbel | Wilde Möhre
Wilder Borretsch | Wildlauch | Melde
50 ml Traubenkernöl
½ grüne Knoblauchzehe
50 g frisch geriebener Parmesan
Salz und Pfeffer aus der Mühle

Zum Anrichten:
2 EL Butter

1 Mehl, Salz, Eier und die Hälfte des Olivenöls zu einem glatten Nudelteig verkneten. In Klarsichtfolie wickeln und 2 Stunden ruhen lassen.

2 Die Kartoffeln schälen und durch die Kartoffelpresse drücken. Die Schalotte abziehen und in kleine Würfel schneiden. Den Speck in schmale Streifen schneiden und zusammen mit den Schalotten und dem Wiesenbärenklau zu den Kartoffeln geben. Mit Salz und Pfeffer würzen.

3 Aus dem Kartoffelteig eine pfannengroße Rösti formen. Das restliche Olivenöl erhitzen und die Rösti auf beiden Seiten braten. Anschließend als Füllung für die Arviuls talergroße Plätzchen ausstechen.

4 Aus dem Nudelteig Ravioli formen und mit der Rösti füllen.

5 Für das Pistou die Kräuter in einem Mörser mit dem Traubenkernöl sowie dem durch die Knoblauchpresse gedrückten Knoblauch verreiben und eine Paste herstellen. Den Parmesan hinzufügen und mit Salz und Pfeffer würzen.

6 Die Arviuls in reichlich kochendem Salzwasser 6 bis 8 Minuten garen und anschließend in der Butter glasieren.

7 Das Pistou als Spiegel auf den Teller ziehen und die Arviuls auf dem Pistou anrichten.

Anmerkung: Raimar Pilz serviert zu den Arviuls zusätzlich kandierte Tomaten (siehe Foto). Das ist ein eingekochtes Sugo aus im heißen Backofen getrockneten Tomaten, die durch die Zugabe von Rohrzucker, verschiedenen Gewürzen und Kräutern ein besonders intensives Aroma bekommen. Eine schöne, klassische Alternative: einige Salbeiblätter in Butter knusprig braten und über die Arviuls geben.

WIESENBÄRENKLAU IN WEIN-BALSAMESSIG

BRIGITTE KLEMME

FÜR 4 PERSONEN
ZUBEREITUNGSZEIT: 30 MINUTEN

200 g Wiesenbärenklaublattstängel
½ rote Paprikaschote
1 rote Zwiebel
3 EL Olivenöl
500 ml Weißwein
6 EL Aceto balsamico
1 TL Salz
1 TL Zucker
1 Lorbeerblatt
1 kleiner Zweig Rosmarin

1 Die Blattstängel des Wiesenbärenklaus in etwa 2 Zentimeter lange Stücke schneiden. Die Paprika waschen, Stielansatz und Samen entfernen und das Fruchtfleisch in kleine Stückchen schneiden. Die Zwiebel abziehen und in kleine Würfel schneiden.

2 Das Öl auf kleiner Flamme erhitzen und die Zwiebeln glasig anschwitzen. Die Wiesenbärenklaustängel dazugeben und kurz mitdünsten. Mit Wein und Aceto balsamico ablöschen.

3 Die übrigen Zutaten hinzufügen und alles zusammen etwa 10 Minuten köcheln lassen. Vor dem Anrichten abkühlen lassen.

Anmerkung: Die Vorspeise ist über mehrere Monate haltbar, wenn sie kochend heiß in saubere Schraubdeckelgläser gefüllt und sorgfältig verschlossen wird.

»Ist der Stängel kantig rau, ist es Wiesenbärenklau«, sagt ein Sprichwort. Wohl um ihn nicht mit dem giftigen und stark hautreizenden Riesenbärenklau zu verwechseln, der auch Herkulesstaude genannt wird, hat sich dieser Satz bis heute den Menschen eingeprägt. Die Blätter des Wiesenbärenklaus eignen sich hervorragend als Füllung in frischer Pasta oder auch für Maultaschen nach schwäbischer Art. Auch Füllungen für Tartes oder Quiches erhalten durch die Zugabe von Wiesenbärenklau einen etwas asiatischen Touch.
Der Wiesenbärenklau enthält Zucker – bis zu 10 Prozent (!) –, Vitamin C und Provitamin A sowie viel Eiweiß, zudem Kalium, Calcium, Eisen und Magnesium. Er enthält in geringen Mengen Furanocumarine (Bergapten), die für seinen aromatischen Duft verantwortlich sind.

WIESENBÄRENKLAU »BROKKOLI« IM TOMATENMANTEL AUF GORGONZOLASAUCE

BRIGITTE KLEMME

FÜR 4 PERSONEN
ZUBEREITUNGSZEIT: 50 MINUTEN

4 große Tomaten
2 Zwiebeln
2 EL Sonnenblumenöl
40 Wiesenbärenklau-Knospendolden
Salz
Saft einer Zitrone
frisch geriebene Muskatnuss
1 EL Butter
300 g Gorgonzola
100 g Sahne
300 ml Gemüsebrühe

Zum Anrichten:
Sommerblüten (Kornblumen,
Flockenblumen, Glockenblumen,
Gänseblümchen)

1 Den Backofen auf 220 °C vorheizen.

2 Die Tomaten waschen, längs halbieren und aushöhlen. Die Zwiebeln abziehen und in kleine Würfel schneiden. Das Öl auf kleiner Flamme erhitzen und die Zwiebeln glasig anschwitzen.

3 Die Wiesenbärenklau-Knospendolden waschen und tropfnass hinzufügen. Unter mehrfachem Wenden kurz mitdünsten. Mit Salz, dem Zitronensaft und einem Hauch Muskat würzen.

4 Die Tomatenhälften mit Wiesenbärenklaudolden füllen. Eine Auflaufform mit der Butter ausstreichen und die Tomatenhälften hineinsetzen. Etwa 15 Minuten im heißen Ofen backen. Kurz vor Ende der Backzeit mit etwas zerkrümeltem Gorgonzola bestreuen.

5 In der Zwischenzeit die Sahne mit Gemüsebrühe erhitzen und den restlichen zerkrümelten Gorgonzola hinzufügen. Unter Rühren bei leichter Hitze schmelzen. Die Sauce leicht einkochen lassen und mit Salz, Zitronensaft und Muskat würzen.

6 Zum Anrichten die Gorgonzolasauce als Spiegel auf den Teller geben und jeweils zwei Tomatenhälften hineinsetzen. Mit Sommerblüten garnieren.

Anmerkung: Als Beilage eignet sich Wildreis. Auch geröstete Kartoffelhälften sind eine schmackhafte Ergänzung.

JAKOBSMUSCHELN MIT SELLERIEPÜREE, BÄRENKLAUÖL UND LIMETTENVINAIGRETTE

YOANN HUE

FÜR 4 PERSONEN
ZUBEREITUNGSZEIT: 3 STUNDEN
ZIEHZEIT: 2 TAGE

Für die Limettenvinaigrette:
20 g Limettenabrieb
80 ml Sonnenblumenöl
Salz
50 ml Wasser
20 ml Limettensaft

Für das Knollenselleriepüree:
200 g Knollensellerie
10 g Honig
Salz
50 g Butter

Für das Bärenklauöl:
25 g Bärenklausamen (darauf achten,
dass er intensiv grün ist)
Salz
50 ml Sonnenblumenöl

Für die Jakobsmuscheln:
2 EL Sonnenblumenöl
400 g Jakobsmuscheln, küchenfertig

Zum Anrichten:
100 g Staudensellerie
50 g roher Knollensellerie, in schmale
Streifen geschnitten
zarte Staudensellerieblätter

1 Den Limettenabrieb zum Sonnenblumenöl geben und 2 Tage ziehen lassen. Anschließend das Salz mit dem Wasser und dem Limettensaft kräftig verrühren, bis sich das Salz aufgelöst hat. Das Limettenöl nach und nach dazugeben und nochmals abschmecken.

2 Den Backofen auf 200 °C vorheizen. Den Knollensellerie sorgfältig abbürsten und waschen. In Alufolie einwickeln und im heißen Ofen 2 Stunden garen.

3 Den Sellerie schälen, dann mit dem Honig und dem Salz fein pürieren und mit der Butter in Stückchen nach und nach aufmontieren. Das Püree durch ein feines Haarsieb streichen und nochmals abschmecken.

4 Die Bärenklausamen fein schneiden, salzen, mit dem Stabmixer fein pürieren und das Öl nach und nach dazugeben. Durch ein Haarsieb streichen und nochmals abschmecken.

5 Das Sonnenblumenöl erhitzen und die Jakobsmuscheln auf beiden Seiten anbraten. Den Staudensellerie waschen. In etwa 10 cm lange Stücke schneiden. Mit der Aufschnittmaschine Tagliatelle schneiden. Bis zur Verwendung in Eiswasser legen.

6 Einen Esslöffel Knollenselleriepüree auf dem Teller anrichten. Einige Staudensellerieblätter danebensetzen und das Bärenklauöl sowie Limettenvinaigrette darübergeben. Die Jakobsmuscheln daneben platzieren. Die Staudensellerietagliatelle gut abtropfen lassen, auf den Teller legen und mit etwas Limettenvinaigrette benetzen. Ein kleines Bund Knollenselleriestreifen auf jeden Teller legen. 4 Staudensellerieblätter frittieren und die Jakobsmuscheln damit dekorieren.

WIESENKLEE

[*Trifolium pratense*]

Eines der bekanntesten und uns vertrautesten Glückssymbole ist das Kleeblatt, das – wenn man Glück hat – statt drei gelegentlich vier Blätter hat. Auch als Wildgemüse und essbare Blüte sowie als Heilkraut wird der Rote Wiesenklee geschätzt.

Roter Wiesenklee wächst auf mageren, aber auch auf reichlich mit Nährstoffen versorgten Wiesen und wird in der Landwirtschaft als Zwischenfrucht zur Bodenverbesserung ausgesät. Klee kann eine Symbiose mit Bodenbakterien (Rhizobien) eingehen, die den Luftstickstoff binden. Schon im Altertum hat man beobachtet, dass Klee und andere Leguminosen das nachfolgende Getreide besser wachsen lassen.

Die kleinen Blüten sind in einem Köpfchen angeordnet. Besonders Hummeln werden von dem süßen Nektar angelockt, den sie mit ihrem langen Rüssel aus der Blüte saugen können – im Gegensatz zu Bienen, deren Rüssel für die Wildformen des Klees zu kurz ist.

Klee hat viele Verwandte, insbesondere den Zickzackklee (*Trifolium medium*) und den Hügelklee (*Trifolium alpestre*), die täuschend ähnlich aussehen, aber durch die intensivere rotviolette Farbe der Blüten und die länglichen Blätter zu unterscheiden sind. Klee mit seiner auffälligen Dreiteilung der Blätter hatte bei den Kelten als Symbol für die Frühjahrssonnenwende mythologische Bedeutung, und die frühen Christen sahen in der Dreiteiligkeit die Dreifaltigkeit.

Die Blätter enthalten viel Provitamin A und sind eine schmackhafte Beimischung zu Salaten. Die Blütenköpfchen, die etwa ab elf Uhr Nektar produzieren, geben Salaten ein nussartiges Aroma und ein dekoratives Aussehen. Im Volksmund erhielt der Wiesenklee deshalb die Namen Honigblume, Herrgottsbrot oder Zuckerbrot. Ein Gelee aus Blüten, zubereitet mit Cidre und Gelierzucker, hat eine rosarote Farbe und einen sehr feinen Geschmack.

In der Volksheilkunde wird ein Sirup aus Kleeblüten als Hustensaft geschätzt, und in jüngster Zeit haben die Kleeblüten als phytotherapeutisches Medikament Bedeutung gewonnen. Kleeblüten enthalten Isoflavonoide, die im Menschen wie das Hormon Östrogen wirken.

BESTIMMUNG DER PFLANZE:

STANDORT: Wiesen und Wegränder
BLÜTEZEIT: Juni bis August
ERNTE: Blätter: März bis Oktober; Blüten: Juni bis August

SAIBLINGE MIT ROTKLEEBLÜTEN UND INGWER

RAIMAR PILZ

FÜR 4 PERSONEN
ZUBEREITUNGSZEIT: 30 MINUTEN

Für das Gemüse:
300 g junge Zuckerschoten
Salz und Pfeffer aus der Mühle

Für die Saiblinge:
1 EL Olivenöl
4 Saiblingsfilets à 100 g
Salz und Pfeffer aus der Mühle
Saft einer ½ Zitrone

Für die Sauce:
30 g Butter
2 TL Zitronensaft
2 TL geriebener Ingwer
gemahlener Kardamom

Zum Anrichten:
20 frische Rotkleeblüten und
10 Rotkleeblätter

1 Die Zuckerschoten waschen und blanchieren. Mit Salz und Pfeffer würzen.

2 Anschließend nochmals erwärmen und bis zum Anrichten beiseitestellen.

3 Das Olivenöl erhitzen und die Fischfilets auf beiden Seiten anbraten. Mit Salz und Pfeffer würzen und ganz zum Schluss den Zitronensaft hinzufügen.

4 Die Butter mit einem Spritzer Zitronensaft, dem Ingwer und einer Prise Kardamom rasch aufschäumen lassen, durch ein Sieb streichen und warm halten. Die Rotkleeblüten kurz vor dem Anrichten hinzufügen und ziehen lassen.

5 Zum Anrichten die Sauce als Spiegel auf den Teller geben. Die Zuckerschoten einlegen. Die Fischfilets darauf platzieren und mit den Rotkleeblüten und -blättern garnieren.

FENCHEL-APFEL-AVOCADO-SALAT
MIT ROTKLEEBLÜTEN

MANUELA TREPPENS

FÜR 4 PERSONEN
ZUBEREITUNGSZEIT: 25 MINUTEN

2 Avocados
4 EL Zitronensaft
Salz und Pfeffer aus der Mühle
1 Fenchelknolle
2 säuerliche Äpfel mit
rötlicher Schale
2 EL kalt gepresstes Sonnenblumenöl
etwa 30 Rotkleeblüten

1 Die Avocados längs halbieren und mit einem Löffel den Kern entfernen.

2 Das Avocadofleisch in ein hohes Gefäß geben, 2 Esslöffel Zitronensaft hinzufügen und mit dem Stabmixer pürieren. Mit Salz und Pfeffer würzen.

3 Den Fenchel waschen und putzen. Längs in sehr schmale Streifen schneiden.

4 Die Äpfel waschen, entkernen und das Fruchtfleisch in feine Scheiben schneiden. Sofort mit etwas Zitronensaft beträufeln.

5 Das Öl mit dem restlichen Zitronensaft verquirlen und mit Salz und Pfeffer würzen.

6 Zwei Drittel der Rotkleeblüten vom Blütenkopf zupfen.

7 Die Apfelscheiben und Fenchelstreifen auf einem Teller anrichten und die Öl-Zitronen-Mischung darüberträufeln. Die gezupften Rotkleeblüten über den Salat streuen und die restlichen Blüten einzeln dekorativ platzieren. Wer will, kann zusätzlich einige Tupfer der Avocadocreme darauf verteilen.

ANHANG
GLOSSAR

AGAR-AGAR geschmacksneutrales, pflanzliches Gelier- und Verdickungsmittel, das vorwiegend aus Rotalgen gewonnen wird

ARVIULS Pastaspezialität aus Graubünden mit Röstifüllung

AUSBRECHEN Herausbrechen des Stiels oder der äußeren Blätter einer Artischocke aus dem Blütenboden

BLANCHIEREN frisches Gemüse, Obst oder andere Lebensmittel kurz in kochendes Wasser geben oder mit kochendem Wasser überbrühen

BRUNOISE in feine Würfel geschnittenes Gemüse, meist Karotten, Sellerie, Lauch, Schalotten oder Kartoffeln

DAMPFOFEN spezieller Ofen, in dem Speisen ohne Zugabe von Fett in heißem Wasserdampf gegart werden; dabei bleiben Zellstrukturen und Nährstoffe der Lebensmittel erhalten, Geschmack und Farbe werden intensiver

DARIOLFORM kleine, konisch geformte Becherförmchen mit glatter Innenfläche aus Aluminium oder Edelstahl für die Zubereitung von Puddings, Flans, Gebäck oder Farcen

FARCE würzige, fein gehackte oder zerkleinerte, oft mit Eiern oder Sahne gebundene Füllung für Pasteten, Terrinen, Geflügel, Fleisch, Fisch und Meeresfrüchte

FILETIEREN Ablösen der fleischigen Seitenteile eines Fischs von den Gräten

FILIEREN Auslösen von Fruchtfleischsegmenten (Spalten) aus den Trennhäuten von Zitrusfrüchten

FLEUR DE SEL reinweiße, filigrane Salzkristalle, die sich beim Verdunsten des Meerwassers als dünne Schicht an der Wasseroberfläche bilden und von Hand abgeschöpft werden

GARAM MASALA fein gemahlene Gewürzmischung aus Indien, die unter anderem Pfeffer, Zimt, Kardamom, Gewürznelken und Kreuzkümmel enthält

GLUKOSE/DEXTROSE (Traubenzucker), ein im Handel erhältliches weißes geruchloses und in Wasser leicht lösliches Pulver; Glukose findet sich in den meisten süßen Früchten und im Honig

GRANITÉ, GRANITA zerstoßenes Wassereis aus gefrorenem Fruchtsaft, Kaffee oder anderen aromatisierten Flüssigkeiten, Zucker und eventuell auch Alkohol, mit kleinen Kristallen, die das Eis körnig machen

GRATINIEREN Überbacken mit starker Oberhitze oder unter dem Grill; dabei bildet sich auf der Oberfläche der Gerichte eine braune, knusprige Kruste

JUS im Allgemeinen ein entfetteter, nicht gebundener Bratensaft, auch Bezeichnung für den reinen Fleischsaft; Kalbsjus selbst herstellen: Kalbsknochen kleinst hacken und zusammen mit Sehnen und Knorpel rösten; überschüssiges Fett abgießen, Röstgemüse wie Möhren, Sellerie und Lauch hinzufügen, weiterrösten, mit Weißwein ablöschen und den Fond einkochen lassen; anschließend mit Wasser ablöschen, wieder aufkochen lassen; den Vorgang einige Male wiederholen; zum Schluss abseihen und die Flüssigkeit etwa 12 Stunden köcheln lassen

KARAMELLISIEREN Zucker so lange erhitzen, bis er schmilzt und eine hell- bis dunkelbraune Farbe annimmt

KRISTALLISIEREN Bildung von Zucker- oder Salzkristallen durch Einkochen und Eindampfen von Zucker- oder Salzlösungen

MEHLIEREN Wenden von Fleisch, Fisch oder Gemüse in Mehl

MIE DE PAIN ohne Rinde gemahlenes Weißbrot oder Toastbrot; weicher, heller und geschmacklich feiner als Semmelbrösel

MONTIEREN kalte Butterstückchen unter kräftigem Schlagen mit dem Schneebesen in eine nicht mehr kochende heiße Sauce, Suppe, Creme oder ein Püree rühren

MUSCOVADOZUCKER unraffinierter, weicher Zucker aus Zuckerrohr mit hohem Melasseanteil, der vor allem für Gebäck, Desserts, Süßspeisen und Saucen verwendet wird

NAPPIEREN Überziehen von Speisen mit einer Sauce oder mit Gelee

NUSSBUTTER braune Butter, in der Hohen Küche als *beurre noisette* bezeichnet; hierbei handelt es sich um geklärte Butter, die durch Erhitzen eine braune Farbe und einen nussähnlichen Geschmack bekommt

PIMENT D'ESPELETTE milde, fruchtig-süße Chilischotensorte aus dem französischen Baskenland; wird größtenteils getrocknet und zu Pulver vermahlen angeboten

PISTOU provenzalische Würzpaste aus Basilikum, Knoblauch, Olivenöl, Salz und Pfeffer; die französische Variante des italienischen Pesto

POCHIEREN Garen von Fisch, Geflügel, Fleisch, Klößen und Eiern ohne Schale in siedender Flüssigkeit (70 bis 95 °C) oder von Cremes, Süßspeisen, Farcen und Saucen im Wasserbad

SAUTIEREN schnelles Braten von Gemüse oder kleinen Fleisch-, Fisch- oder Geflügelstücken bei großer Hitze in Fett; dabei wird die Pfanne oft geschwenkt, um das Gargut von allen Seiten zu rösten

SCHABZIGERKLEE auch Zigainerkraut oder Brotklee genannt, ist ein aromatisch duftendes Gewürz, das mit dem Bockshornklee verwandt ist; es wird im Allgemeinen als Brotgewürz verwendet

SILIKONMATTE/SILPATMATTE hitzebeständige Matte aus Silikon zum Ausrollen und zum Backen als Backunterlage

ALS SPIEGEL ANRICHTEN Sauce in die Tellermitte geben und mit dem Schöpflöffel kreisförmig etwas vergrößern

TEMPURAMEHL besteht in der Regel aus Weizenmehl, Reismehl und Backpulver

TEPALEN gleich gestaltete Kron- und Kelchblätter von Blüten mit doppelter Hülle, wie beispielsweise Kornblumenblüten

TOURTE französische runde Pastete mit Fleisch- oder Gemüsefüllung

VIN JAUNE Wein des Anbaugebiets Französischer Jura, der aus einer einzigen Rebsorte hergestellt wird: der weißen Sorte Savagnin; geschmacklich ähnlich dem Sherry; eignet sich hervorragend als Begleiter von würzigem Käse

WASABIPASTE pikantes Würzmittel aus der Wurzel des japanischen Meerrettichs; enthält Senföle, die vor allem im Rachen und in der Nase ein Brennen verursachen

ZITRONENVERVEINE aromatische Gewürz-, Heil- und Teepflanze, deren Blätter intensiv nach Zitrone duften

ZUR ROSE ABZIEHEN eine Creme oder Sauce mit Eigelb bei kleiner Hitze unter ständigem Rühren binden, ohne dass die Eimasse stockt

UMRECHNUNGSTABELLE

ELEKTRO*)	UMLUFT	GAS
125 °C	100 °C	Stufe 2–1
150 °C	130 °C	Stufe 1
175 °C	150 °C	Stufe 2
200 °C	175 °C	Stufe 3
225 °C	200 °C	Stufe 4
250 °C	225 °C	Stufe 5
275 °C	250 °C	Stufe 6

*) Ober- und Unterhitze

REGISTER

GETRÄNKE

GRUNDREZEPTE

BEZUGSQUELLEN
FÜR KRÄUTER UND WILDPFLANZEN

BERGHOF-KRÄUTER GMBH
www.berghof-kraeuter.de

CHRISTINA SCHUSTER
www.wild-kraeuter.de

ESSBARE LANDSCHAFTEN GMBH
www.essbare-landschaften.de

EVI GAMPL
www.gartenbau-evi-gampl.de

GARTENGESTALTUNG MINHARD
www.minhard.at

GÄRTNEREI STRICKLER
www.gaertnerei-strickler.de

GÄRTNEREI WAGNER
www.gartenbauwagner.at

GERDA WILL
www.kraeuter-will.de

HERB'S BIOLAND GÄRTNEREI
UND PFLANZENVERKAUF
www.herb-s.de

HERBARIA KRÄUTERPARADIES
www.herbaria.de

HOF BERG-GARTEN
www.hof-berggarten.de

KRÄUTER-SIMON
www.kraeuter-simon.de

KRÄUTEREI SILVIA HEINRICH
www.kraeuterei.de

KRÄUTEREY LÜTZEL
www.kraeuterey.de

NATURGARTEN KEG
www.naturgarten.at

STAUDENGÄRTNEREI DIETER GAISSMAYER
www.gaissmayer.de

SYRINGA
www.syringa-pflanzen.de

WINKLER & RICHARD AG
www.gartenland.ch

LITERATUR

Frohne, Dietrich,
Heilpflanzenlexikon, Wissenschaftliche
Verlagsgesellschaft mbH, Stuttgart 2006

Sauerhoff, Friedhelm,
Etymologisches Wörterbuch der Pflanzennamen,
Wissenschaftliche Verlagsgesellschaft mbH,
Stuttgart 2004

Klemme, Brigitte/Holtermann, Dirk,
Un-Kräuter zum Genießen,
WDR-Begleitbuch zum Öko-Umweltreport,
Walter Rau Verlag, Düsseldorf 1996

Klemme, Brigitte/Holtermann, Dirk,
Baumblättersalat,
WDR-Begleitbuch zum Öko-Umweltreport,
Walter Rau Verlag, Düsseldorf 1999

Klemme, Brigitte/Holtermann, Dirk,
Delikatessen am Wegesrand,
Walter Rau Verlag, 9. Auflage, Düsseldorf 2005

Klemme, Brigitte/Holtermann, Dirk,
Delikatessen am Wiesenrand,
Walter Rau Verlag, 4. Auflage, Düsseldorf 2005

Klemme, Brigitte/Holtermann, Dirk,
Delikatessen am Waldesrand,
Walter Rau Verlag, 2. Auflage, Düsseldorf 2005

Urania Pflanzenreich,
Die große farbige Enzyklopädie,
Urania Verlag, Freiburg 1991

IMPRESSUM

© 2010 by Südwest Verlag, einem Unternehmen der Verlagsgruppe Random House GmbH, 81637 München

HINWEIS

Die Rezepte in diesem Buch sind von Autoren und Verlag sorgfältig erwogen und geprüft, dennoch kann eine Garantie nicht übernommen werden. Eine Haftung der Autoren bzw. des Verlags und seiner Beauftragten für Personen-, Sach- und Vermögensschäden ist ausgeschlossen.

BILDNACHWEIS

Fotografie: Andreas Thumm, Freiburg
Mit Ausnahme von: Südwest Verlag Archiv:
58 li. u. (Joachim Heller)

REDAKTIONSLEITUNG: Susanne Kirstein
PROJEKTLEITUNG: Sonia Gembus
VISUELLE GESAMTKONZEPTION:
Irma Schick, www.irmaschick.com
SATZ: Carmen Marchwinski
KORREKTORAT: Monika Sattrasai,
Bernhard Schnüriger
BILDREDAKTION: Sabine Kestler
LITHO: Artilitho, Lavis (Trento)
DRUCK UND VERARBEITUNG:
Mohn media Mohndruck GmbH, Gütersloh
Printed in Germany

Mix
Produktgruppe aus vorbildlich
bewirtschafteten Wäldern und anderen
kontrollierten Herkünften
www.fsc.org Zert.-Nr. SGS-COC-001425
© 1996 Forest Stewardship Council

Verlagsgruppe Random House FSC-DEU-0100
Das für diesen Titel verwendete FSC-zertifizierte
Papier *Allegro halbmatt* wurde produziert von
Sappi Biberist und geliefert durch Berberich.

ISBN 978-3-517-08586-9
9817 2635 4453 6271